ILE MAURICE

Mahé
de
La Bourdonnais

(1699-1899).

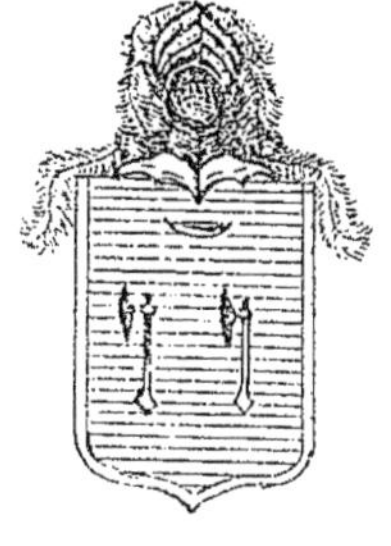

DOCUMENTS RÉUNIS

PAR

LE COMITÉ DU BI-CENTENAIRE DE LABOURDONNAIS

PORT-LOUIS

E. PEZZANI, Imprimeur Editeur.

RUE DE LA POUDRIÈRE

1899.

MAHÉ DE LA BOURDONNAIS

Il n'a été tiré
que 600 exemplaires de
cet ouvrage.

Photographie C. DRENNING. —(Reproduction du Tableau de Lépaulle).

ILE MAURICE

MAHÉ DE LA BOURDONNAIS

DOCUMENTS RÉUNIS

PAR

LE COMITÉ DU BI-CENTENAIRE DE LA BOURDONNAIS

11 FÉVRIER 1899

AVEC DES ANNOTATIONS

PAR

LE COMITÉ DES SOUVENIRS HISTORIQUES

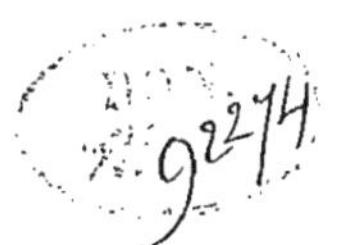

PORT-LOUIS

E. PEZZANI, Imprimeur Editeur

RUE DE LA POUDRIÈRE

1899

INTRODUCTION.

La coutume, empruntée à l'Eglise, de célébrer le centenaire de la naissance ou de la mort d'un homme célèbre, n'existait pas il y a cent ans. C'est évidemment pour cette raison que nos pères n'ont point songé à fêter le premier centenaire de Mahé de La Bourdonnais, le fondateur de l'île de France. La génération présente ne pouvait laisser passer le retour de cette date illustre du 11 février sans l'acclamer d'un cri de reconnaissance.

Nous regrettons tous que cette commémoration n'ait pas pu se faire à la date même qui asseyait deux siècles révolus au berceau de ce grand homme : l'épidémie de peste, qui a éclaté ici en janvier, est venue contrarier nos projets. Au reste, nous sommes habitués à de pareils contretemps. Nos pères ne les ont guère connus. Les modestes fêtes de bientôt rappelleront qu'il y a juste quarante ans, la population mauricienne dévoilait la statue de bronze élevée par son amour à la mémoire de La Bourdonnais. Au pied du socle, nous allons, cette fois, river une plaque de marbre où il sera inscrit que le deuxième centenaire de la naissance de La Bourdonnais a été fêté par les fils de ceux qui élevèrent la statue. En même temps, nous aurons mis dans la circulation ce petit livre qui a sa place marquée dans nos bibliothèques publiques et privées, et où sont brièvement consignés les faits extraordinaires qu'a accompli La Bourdonnais, avec quelquesunes des opinions formulées par de bons juges sur la carrière de ce marin célèbre, et divers documents qui aideront l'historien dans sa tâche, ou l'étudiant mauricien dans ses recherches à travers des annales qui ne sont pas sans gloire.

C'est la première fois, semble-t-il, qu'on réunit en un volume les faits principaux de la vie de La Bourdonnais et les documents ayant trait à son passage parmi nous. Les 235 pages qui suivent n'ont nécessairement pas suffi à conter cette existence quasi merveilleuse ; il nous aurait fallu un millier de pages en texte compact pour tout dire, pour tout colliger, et sans doute même notre ferveur, à défaut de notre goût, eût facilement excédé ce nombre de pages. A propos du bi-centenaire, nous avons pensé qu'il suffirait de publier un livre de modeste étendue, et qui donnât l'envie de mieux connaître l'homme à plusieurs génies, si je puis ainsi dire, qui a laissé dans cette île des traces ineffaçables.

Le seul morceau inédit qui se rencontrera ici, c'est un long chapitre d'un livre sur l'Ile de France, par M. Saint-Elme Leduc. Cet ouvrage, encore manuscrit, se trouve à Paris, dans la Bibliothèque Mazarine. Le fragment a été copié pour nous par les soins de notre ancien gouverneur Sir Hubert Jerningham, qui s'est toujours intéressé à notre histoire coloniale, particulièrement à la longue et brillante période de l'occupation française. Le travail de M. Leduc, sans être un modèle de narration ou de critique historique, a le mérite de réunir en peu de pages ce qui, tout d'abord, nous intéressse le plus dans la carrière de La Bourdonnais ; il y joint aussi celui d'être bien renseigné et de contenir quelques faits qu'on ne trouve pas dans les biographies locales.

Désireux de mettre ce petit ouvrage à la portée de ceux qui aiment vraiment notre histoire—et je crois que leur nombre s'est rapidement accru depuis quelque temps,—le comité du bi-centenaire en fixe le prix à une roupie et cinquante centièmes ; malheureusement, il ne lui a pas été possible d'en faire un tirage nombreux : il a dû se contenter de six cents exemplaires.

Tel qu'il est, ce mince volume sera le bienvenu auprès de ceux des nôtres qui, quelles que soient leurs opinions politiques ou autres, font la part juste, la voulant large, aux hommes qui, dans le passé, ont travaillé, avec les idées et les moyens de leur

siècle, à nous créer une patrie où la gloire fut d'abord assez haute
pour que la tradition restât brillante et fût plus facilement
suivie à travers la nuit des temps. La figure de La Bourdonnais
domine chez nous toutes les autres, et notre pays peut se
flatter, comme quelques-uns des plus illustres, d'avoir vu dès
l'origine un vrai grand homme présider à ses destinées.

* *
*

En notre temps de colonisation effrénée, où de grandes
nations européennes, oubliant trop les petites îles et les territoires modestes qui virent leurs premiers essais de colonisation,
ont lutté d'efforts et de vitesse pour s'approprier, à l'exclusion
l'une de l'autre, des portions plus ou moins étendues du continent noir ; où elles cherchent à obtenir en Extrême Orient,
comme sur le continent africain, des territoires plus vastes que
la France ou que l'Allemagne, on songe bien peu à ces colonies
premières qui se sont faites timidement, presque obscurément,
dont la destinée a grandi avec la même lenteur qu'au premier
jour les cimes de leurs montagnes surgirent de la brume aux
yeux des marins qui montaient les lourdes caravelles. Ainsi
la France, pour ne parler que d'elle, se soucie médiocrement
d'avoir perdu l'île de France ; sans doute parce qu'elle garde
plus cuisant le regret de s'être laissé enlever le Canada. C'est
là d'ailleurs un sentiment qui s'explique bien. Les " quelques
arpents de neige," dont riait si légèrement Voltaire, sont
devenus un domaine d'une étendue et d'une richesse telles
que son peuple est presque aujourd'hui une nation. Auprès
de ce Canada dont les régions habitables sont presque
huit fois plus grandes que la France, Maurice n'est qu'un
point. Ce n'est que trop vrai. Ce qui l'est également, c'est
que Champlain, à tout considérer, est moins complet, pour
mieux dire, moins génial que La Bourdonnais. Il était déjà
injuste de ne se souvenir que de Dupleix, le seul grand rival
qu'ait eu La Bourdonnais ; il devient cruel de ne songer qu'à
Champlain quand on pouvait se dispenser de choisir entre La

Bourdonnais et lui. Il n'y a pas trois ans, la France, qui venait de célébrer le centenaire de la mort de d'Estaing, a fêté la mémoire du fondateur de Québec : mais on peut craindre qu'elle n'ait mesuré son mérite à l'étendue du domaine qu'il lui donna jadis, tout comme elle ne semble peser la gloire de Dupleix qu'avec l'immense regret qu'elle a gardé de la perte de l'Inde.

A nous Mauriciens, qui avons gardé à la France une affection que nul ne peut trouver irraisonnée ni déloyale, il a été particulièrement pénible de voir dans quel glacial silence a passé sur la terre française, au commencement de cette année, la date qui, à vingt lustres d'intervalle, rappelait pour la deuxième fois la naissance de La Bourdonnais. D'autant plus que deux ans auparavant le centenaire de Dupleix avait été salué avec un enthousiasme et un éclat dignes de ce grand homme.

Craignait-on que la gloire de La Bourdonnais ne portât ombrage à celle de Dupleix ? Ou bien était-ce parce que celui-ci avait perdu l'Inde, un empire, tandis que l'autre n'avait même pas perdu l'île de France, un petit rocher placé entre deux déserts, le continent africain et les mers australes ? Ou bien, était-ce encore parce que le regret est plus cuisant pour un peuple comme la France d'avoir perdu l'Inde au profit de l'Angleterre, son éternelle rivale, que ne fut son orgueil de la conquête de ce petit joyau qu'est l'île de France et, dans la suite, son dépit de l'avoir perdue, cette fois par sa propre faute ? Je ne sais. Toujours est-il que, pour être juste, pour être seulement juste, il ne fallait que comparer entre eux le génie de La Bourdonnais et le génie de Dupleix ; et il eût suffi, évidemment, d'une simple comparaison de l'œuvre de La Bourdonnais avec celle de Champlain, ou avec la carrière de d'Estaing, pour ne se point décider à fêter le souvenir de ces derniers tout en gardant le silence sur la mémoire de l'autre.

***

Je ne voudrais pas faire ici et à cette heure ce qui n'a pas
été fait là-bas au moment où il le fallait. Aussi bien, je n'ai
pas ce qu'il importe pour me prononcer entre ces hommes de
mérites ou de génies divers, mais qui ont droit, pour le
moins, à une reconnaissance pareille. La justice rendue à La
Bourdonnais n'aurait pas amoindri la valeur de Dupleix, puisqu'ils ont l'un et l'autre travaillé en un temps où les obstacles
étaient plus longs à vaincre qu'aujourd'hui : et c'est par là
que je voudrais montrer à quel point les pionniers et les
colonisateurs d'il y a deux siècles me semblent supérieurs à
ceux de notre époque. Un des esprits les plus fins et les plus
mobiles de notre temps, ébloui lui aussi par la gloire des
fondateurs d'empires, s'est naguère appelé un " professeur
d'énergie ; " et il a cru le pouvoir faire en quittant son cabinet
d'étude et le livre pour la tribune et le journal. Je crois bien
que si M. Jules Lemaître, qui a excellemment parlé de
M. Bonvalot, voulait illustrer un de ces cours d'énergie par un
exemple choisi entre cent, ce serait la vie d'un de ces hommes
extraordinaires des temps passés qu'il enseignerait, qu'il
donnerait comme exemple à ses innombrables lecteurs ou
auditeurs ? Je gage qu'entre Dupleix et quelque gouverneur
d'une des colonies ou quelque représentant officiel d'un de ces
protectorats somptueux de nos jours, il préférerait Dupleix ;
qu'entre La Bourdonnais et un de ces construteurs de domaines
impériaux comme M. Cecil Rhodes, il n'hésiterait pas à préférer La Bourdonnais.

Pourquoi ? Parce que ceux-là furent et restent à jamais
les incomparables modèles d'énergie effective. Ils le sont
parce qu'ils ont été d'un temps où ni la vapeur, ni l'électricité,
ni la diplomatie, ni l'opinion publique n'étaient des forces
connues, exploitées, vénérées.—Et si l'on tient compte de ce
fait capital dans l'histoire de la colonisation en la dernière

moitié de ce siècle, qu'elle n'a été si abondante en résultats
heureux qu'à cause de l'usage de ces forces nouvelles, on reste
confondu d'admiration en présence de l'initiative, de la téna-
cité, du courage, de la hardiesse, de l'extraordinaire force
morale, déployés par un La Bourdonnais créant à l'âge de
trente six ans cette Ile de France où tout manquait, tout
jusqu'à la bonne volonté de ceux dans l'intérêt desquels il
travaillait, et n'ayant pour premiers collaborateurs qu'une
poignée de subalternes, dont la plupart des esclaves noirs.

Quand La Bourdonnais fut nommé gouverneur des Iles de
France et de Bourbon, il y avait à peine une douzaine d'années
que la première de ces îles était habitée par quelques familles
venues de la seconde. On lira dans ce volume tout ce qu'il eut
à faire, à tenter, à *miraculer* pour tirer l'île de l'état encore
sauvage où elle végétait et se plaisait. Songez donc un peu à
ce que cet homme ferait s'il avait sous la main un câble sous-
marin par lequel il demanderait à la métropole les machineries
perfectionnées et de toutes sortes que nous avons aujourd'hui ;
si, à tel jour et à telle heure, il savait qu'un transport rapide
lui arriverait avec des vivres ou telles matières premières dont
il aurait besoin ! Combien les entreprises de l'administrateur,
du fondateur de colonie, seraient-elles encouragées, activées par
de pareilles certitudes ! Et quels recours, à de certains moments, pour le chef de pays ayant à mater l'insubordination de
ses gouvernés ; ou pour l'homme de guerre qui voudrait traiter
de haut avec des peuples voisins, ou briser la rebellion de tribus
mal soumises, quelles sûres et promptes garanties du prestige
d'un drapeau glorieux ! Il n'aurait eu qu'à invoquer la raison
du plus fort, la meilleure de toutes : et les ordres venus de
là-bas, appuyés des baïonnettes d'un régiment nouveau, ou
même d'une armée pouvant être transportée d'un point à un
autre en moins d'une semaine, lui enlèveraient toute angoisse

et forceraient ses adversaires ou les révoltés au respect immédiat.

Si la fameuse " Compagnie perpétuelle des Indes " avait fait pour Dupleix et La Bourdonnais ce que les *Chartered Companies* ont réalisé pour M. Cecil Rhodes et d'autres, la gloire des deux grands colonisateurs du XVIIIe siècle eût été plus retentissante qu'elle ne l'est aujourd'hui. Mais cette gloire a du moins pour elle d'émaner plus directement, ou pour mieux dire, seulement de ces hommes d'une énergie si complète et si féconde en dépit de tout. Dupleix mal compris dans l'Inde se débattant contre la Compagnie qui ne voit que les intérêts du moment, placé entre des ordres contraires, angoissé par l'entêtement stérile de l'ignorance et la jalousie stupide des préjugés, et faisant face à tout des éclairs de son génie, me semble autrement admirable, sinon plus heureux que les fondateurs de colonies d'aujourd'hui. Quand les coloniaux comme M. Cecil Rhodes sentent que le terrain fléchit sous eux, que l'opinion publique peut leur échapper dans ces métropoles mêmes où la distance les grandit plutôt que de les diminuer—contrairement à ce qui avait lieu jadis,—ils prennent un paquebot rapide, sautent en chemin de fer, et réussissent bientôt à reconquérir une popularité un peu compromise, tout en obtenant de nouvelles ressources pour la réalisation de leurs desseins. La Bourdonnais, lui, placé à quatre cent mille lieues de la France, isolé dans son génie, comme parmi une population hostile et quasi-sauvage, que pouvait-il faire ? Rien—ou tout. Il a tout fait ! Il a tout tiré de lui-même, de son cerveau et de son cœur.

Non, le parrallèle, même poussé plus loin et jusque dans les plus menus détails, ne saurait être au désavantage des grands pionniers, des merveilleux colonisateurs de jadis. Ils ont fait moins vite, ils ont été souvent moins heureux, mais tout ce qu'ils ont accompli autrefois, ils y ont mis plus, oh ! combien

plus, de leur génie que de la sueur ou de l'argent des autres !
Et quand il fallait tirer des coups de fusil ou donner des
coups de sabre, ils étaient au tout premier rang. Moins accla-
més que ceux d'aujourd'hui, évidemment parce qu'ils n'étaient
pas comme des dieux placés au-dessus de ceux qui travaillaient
moins pour soi qu'avec eux, ils ont connu les douloureux
abandons, les lâches et louches calomnies ; à la fin, ils se sont
couchés dans le froid désert que faisaient autour d'eux les
amitiés trop prudentes ou les intérêts trop égoïstes. Mais
l'histoire me semble être plutôt pour ceux-là qui furent moins
capitalistes, moins préoccupés de donner des dividendes ; qui
furent avant tout des pionniers de l'humanité, les apôtres
d'une idée au service de laquelle ils mettaient une énergie qui
parfois ne s'est éteinte que dans leur sang...

L'homme, né pour lutter et souffrir, ne comprend bien et
n'admire vraiment que ce que la douleur a consacré. Il y trouve
la grande et souveraine poésie, qui résiste à toutes les vicissi-
tudes ; et c'est par là que l'humanité normale, celle en somme
pour qui travaillent les grands hommes, prend contact avec les
fronts marqués du doigt de Dieu, se reconnaît, se mire en eux
comme en des exemplaires magnifiés de sa nature ; et tous
les cent ans elle vient s'agenouiller, quelque part, sur les
marches de leur sépulcre : elle y met la vivace couronne de
laurier que, seule, la France pouvait déposer sur le marbre
de Dupleix, — ou le modeste, éphémère, mais pieux bouquet
de fleurs dont nous ornerons bientôt le bronze à jamais vénéré
de notre La Bourdonnais.

L. L'HOMME,

Membre du Comité du bi-Centenaire.

Quatre Bornes, 2 Août 1899.

I

ACTE DE NAISSANCE

I

Acte de Naissance

Extrait du Registre des actes de l'Etat Civil de
Saint-Malo pour l'année 1699, folio 19, Recto :

*Bertrand François Mahé fils Jacque Sr de la
Bourdonnais et de Dlle Seruanne Liduuine Tranchant
sa fc, fut baptisé par moy soussigné le 11e Féburier 1699
et a esté parain Mtre Bertrand Mahé Conseiller et
Procureur du Roy de la ville et communauté de Dinan
et maraine Dlle Guyonne Ribertière Dlle des Lauriers
qui ont signé.*

*(signé) B. Mahé ; Guyonne Ribertière ; Jacque
Mahé et A. Betuel baptisavi.*

II

NOMINATION

DE

MAHÉ DE LA BOURDONNAIS

A LA

PLACE DE GOUVERNEUR GÉNÉRAL

DES

ILES DE FRANCE ET DE BOURBON

Nomination de Mahé de La Bourdonnais à la place de Gouverneur Général des Isles de France et de Bourbon.

Les documents qui suivent ont été enregistrés au Conseil Supérieur de l'île de France le 8 Juin 1735 :

NOMINATION DES SYNDICS ET DIRECTEURS DE LA COMPAGNIE DES INDES EN FAVEUR DU SIEUR MAHÉ DE LA BOURDONNAIS POUR REMPLIR LA CHARGE DE GOUVERNEUR GÉNÉRAL DES ISLES DE BOURBON ET DE FRANCE ET PRÉSIDENT DES CONSEILS SUPÉRIEURS ÉTABLIS DANS LES DITES ISLES.

Les Syndics et Directeurs de la Compagnie des Indes estant informés des bonnes qualités, mœurs et conduite du Sieur Mahé de La Bourdonnaye, ainsy que de son expérience dans la Marine et le Commerce, ont — en exécution des articles 31, 35, et 37 de l'Edit de Son Etablissement du mois d'août 1664, confirmé par déclaration du Roy du mois de Février 1685 et 7bre 1714, et notamment par l'Edit du mois de May 1719 portant réunion des Compagnies des Indes et de la Chine à celle d'occident à présent Compagnie des Indes, et par celui du mois de juin 1725 — nommé et présenté à Sa Majesté, le Sieur de La Bourdonnaye, de la religion catholique, apostolique et romaine, pour remplir la charge de Gouverneur Général des Isles de Bourbon et de France vacante par la nomination du Sr. Dumas au Gouvernement de Pondichéry et par la retraite du Sr. Maupin et de Président des Conseils Supérieurs y établis pour en la dite qualité y commander tant aux habitants de la dite Isle, commis et employés de la Compagnie, qui y sont déjà établis et à tous autres français qui s'y établiront à l'avenir, de quelque qualité et condition qu'ils puissent être qu'aux officiers, soldats et gens de guerre qui y sont ou pourraient être en garnison.

Fait à Paris en l'Hôtel de la Compagnie des Indes le 8 Novembre 1734.

(Signé)   BRINON DE CALIGNY
BOYVIN D'HARDANCOURT
FROMAGET.

LETTRES-PATENTES DE LOUIS XV.

LOUIS, par la grâce de Dieu, roi de France et de Navarre, à tous ceux qui ces présentes lettres verront, salut. Les Syndics et Directeurs de la Compagnie des Indes nous ayant représenté que les charges de Gouverneur de l'île de Bourbon, et de Commandant de l'île de France, étaient vacantes par la nomination du sieur Dumas au gouvernement de Pondichéry et par la retraite du sieur Maupin, et qu'elle aurait intérêt de réunir ces deux îles sous un même gouvernement ; à quoi étant nécessaire de pourvoir, nous avons cru ne pouvoir faire un meilleur choix que de la personne du sieur Mahé

de la Bourdonnaye, qui nous a été présenté par les Syndics
et Directeurs de la dite Compagnie ; lequel nous a donné
en plusieurs rencontres des marques de sa fidélité et de
son affection à notre service, et de son expérience au fait
de la Marine et du Commerce ; et étant d'ailleurs informé
qu'il fait profession de la religion catholique, apostolique
et romaine, à ces causes, nous avons sur la nomination des
Syndics et Directeurs de la Compagnie des Indes ci-
attachée, commis, ordonné et établi, commettons, ordon-
nons, et établissons le sieur Mahé de la Bourdonnaye
Gouverneur Général des îles de France et de Bourbon,
et Président aux Conseils Supérieurs y établis, pour
en cette qualité y commander, tant aux habitans des
dits lieux, commis de la dite Compagnie, employés et
autres françois et étrangers qui y sont établis, ou s'y
établiront à l'avenir, de quelque qualité et condition
qu'ils puissent être, qu'aux officiers, soldats et gens de
guerre qui y sont ou pourront être en garnison, leur faire
prêter le serment de fidélité qu'ils nous doivent, faire vivre
les habitans en union et concorde les uns avec les autres,
contenir les gens de guerre en bon ordre et police, suivant
nos réglements, et maintenir le commerce et trafic de la
Compagnie dans les dites îles, et en notre nom leur rendre,
en la dite qualité de Président des Conseils Supérieurs
des îles de Bourbon et de France, la justice, tant civile
que criminelle, conformément aux Edits d'établissement
des dits Conseils, des mois de Novembre 1723, et Novembre 1734, et généralement faire tout ce qu'il jugera à
propos pour la conservation des dits comptoirs et commerce, et la gloire de notre nom ; et au surplus jouir de
la dite charge aux honneurs, autorité, prééminence, et
prérogatives accoutumés, et aux appointements qui lui

seront ordonnés par la Compagnie ; de ce faire lui avons
donné et donnons pouvoir par ces présentes. Mandons
à tous nos sujets de quelque qualité et condition qu'ils
soient, commandans de vaisseaux, officiers, soldats, habitans, commis de la dite Compagnie et autres employés,
de reconnaître le dit sieur Mahé de la Bourdonnaye en
ladite qualité de Gouverneur-Général et Président des
Conseils Supérieurs des dites îles de France et de Bourbon,
et lui obéir, sans y contrevenir en quelque sorte et manière que ce soit, à peine de désobéissance ; car tel est
notre plaisir : En témoin de quoi nous avons fait mettre
notre scel à ces dites présentes.

Donné à Fontainebleau, le dixième jour de Novembre,
l'an de grâce 1734, et de notre règne le vingtième.

(Signé) Louis.

Par le roi :

(Signé) Phelippeaux.

III

MAHÉ DE LA BOURDONNAIS

PAR

SAINT-ELME LEDUC

III

Mahé de La Bourdonnais

— *De Juin 1735 au 24 Mars 1746* —

PAR SAINT-ELME LEDUC

Ce document est un chapitre extrait d'un manuscrit qui se trouve à la Bibliothèque Mazarine, à Paris, écrit par Saint-Elme Leduc, intitulé :

" Ile de France, Documents pour son Histoire civile et militaire, depuis la découverte jusqu'à la capitulation, par Saint-Elme Leduc ; Paris 1844."

L'idée de se livrer à des recherches historiques sur l'ancienne île de France fut inspirée à l'auteur par son frère Auguste Leduc qui habita longtemps l'île Maurice et Agaléga, une de ses dépendances. Une copie de ce manuscrit a été offerte, il y a quelque temps, au Comité des Souvenirs Historiques par Sir Hubert Jerningham, alors gouverneur de Maurice.

Mahé de La Bourdonnais était un de ces rares génies qui, avec de faibles ressources, trouvent le moyen d'exécuter de grandes choses. Tous les écrivains qui ont parlé de cet homme célèbre l'ont, à juste titre, considéré comme le créateur de l'île de France. Si la sottise et l'envie ne l'eussent pas entravé dans ses opérations, il aurait rendu à son pays des services bien plus importants encore que ceux que nous allons relater, et qui suffisent cependant pour en faire un des hommes les plus étonnants de son siècle. Il fut, dit Voltaire (V. 2 p. 194), le Duguay-Trouin de son temps, supérieur à Duguay-Trouïn par l'intelligence et son égal en courage.

Voici son portrait par Madame la Marquise de Montlezun-Pardiac, sa fille :—" Mon père, dit cette dame, avait de beaux yeux noirs, ainsi que les sourcils. Il avait peu d'embonpoint ; il était d'une taille médiocre, n'ayant que cinq pieds et quelques lignes de hauteur, d'ailleurs se tenant très bien. Son air était vif, spirituel et très gai. Sa principale vertu était l'humanité : les monuments qu'il a établis à l'île de France sont garants de cette vérité."

" En effet, dit Bernardin de St. Pierre, tout ce que j'ai vu dans cette île de plus utile et de mieux exécuté était son ouvrage."

La plupart des détails qui vont suivre sont extraits de ses mémoires, et généralement connus par conséquent ; cependant quelques-uns sont publiés ici pour la première fois.

Bertrand François Mahé de La Bourdonnais naquit à Saint Malo, le 11 février 1699, de Jacques Mahé, écuyer, sieur de la Bourdonnais et de Léduvine Tranchant de Prébois. Son gout pour la marine se prononça de bonne heure. A dix ans il fit un premier voyage aux mers du Sud. A quatorze, il monta comme enseigne sur un vaisseau faisant route pour les Indes Orientales et les îles Philippines. Ce fut dans ce voyage qu'un savant Jésuite lui apprit les mathématiques. En 1716 et 1717, il vit les mers du Nord ; en 1718 les mers du Levant. En 1719 il s'embarqua comme lieutenant au service de la Compagnie ; en 1723, il retourna dans l'Inde en qualité de sous-lieutenant, et composa à cette époque un *Traité de la mâture des vaisseaux*, estimé des gens du métier. Ce fut dans cette année que pour sauver un bâtiment de la Compagnie qui faisait eau dans la rade de Bourbon, où l'on manquait les moyens de le réparer, il osa se risquer dans un simple canot pour faire la traversée de l'île de France, d'où il revint assez à temps pour sauver le bâtiment qui allait couler.

En 1724, il se rembarqua pour les Indes avec le grade de second capitaine que lui accorda la Compagnie, pour reconnaître les services qu'il lui avait rendus. Il utilisa encore pour lui ce voyage par l'étude qu'il fit sous M. Didier, ingénieur du roi, de la fortification et de la tactique. Arrivé dans l'Inde, il dirigea les opérations du siège de Mahé, fit effectuer un débarquement difficile en présence de l'ennemi, sans perdre un seul homme, et contribua puissamment à la prise de la place. Cette expédition contre les Indiens étant terminée, il voulut armer à son compte et se livrer aux spéculations commerciales. Il fut aidé en cela par M. Lenoir, gouverneur de Pondichéry, avec qui il se lia d'amitié. (1) Les entreprises qu'il dirigeait d'ailleurs et suivait comme capitaine et

(1) Pierre Christophe Le Noir, Commandant des Forts et Etablissements français dans les Indes Orientales et Gouverneur de Pondichéry. Il séjourna à l'île de France, dans les premiers temps de la colonisation, en 1726, et y installa le Conseil Provincial. On trouve sa signature au bas de plusieurs Arrêtés de ce Conseil. Il précéda Dupleix dans le gouvernement de l'Inde et fonda Pondichéry.

comme subrécargue, furent si bien combinées et si heu-
reuses, qu'en peu d'années il acquit une fortune de deux
millions et demi.

Ce fut alors qu'après s'être muni de l'agrément de la
France, il accepta les propositions du vice roi de Goa qui
voulait lui faire diriger le siège de Monbaze. Pendant
qu'on en faisait les préparatifs, il fit des courses contre les
pirates Angrias. Quelque temps après il contraignit par
ses menaces et sa bonne contenance le Samorin de Calicut
à payer un ancien droit de passage dû au Portugal.

Le vice-roi ayant renoncé à son dessein sur Monbaze,
Labourdonnais quitta son service, revint à Saint-Malo
vers le milieu de 1733 et s'y maria.

En 1734, il vit à Paris Mr. Orry, contrôleur général
des finances, et Mr. de Fulvy, son frère, commissaire du
roi près de la Compagnie des Indes. Tous deux appréciant
ses vues sur le commerce de nos colonies au delà du Cap,
le firent nommer par le roi, gouverneur général des Iles
de France et de Bourbon. Il y arriva en 1735. (1)

D'abord il trouva l'insubordination des soldats pous-
sée jusqu'à la révolte, et s'occupa de rétablir la discipline.

Dans les deux îles la justice était administrée par des
tribunaux dont l'un dépendait de l'autre, le Conseil
Supérieur était à Bourbon. Le tribunal de l'île de France
eut un pouvoir égal pour les lois criminelles. A l'égard
de l'administration générale, le tribunal du lieu où résidait
le gouverneur devint le tribunal supérieur (2). Les

(1) Le 5 Juin 1735.
(2) Dès son arrivée La Bourdonnais fixa sa résidence à l'île de France
et y établit un Conseil Supérieur conformément à l'édit du roi daté du
4 Novembre 1734. A partir de ce moment l'île Bourbon fut tacitement
subordonnée à l'île de France.

manières douces et affables de La Bourdonnais lui ga-
gnèrent tellement la confiance des habitants que tous s'en
rapportaient à lui pour l'arrangement de leurs différends,
et, fait très remarquable, pendant les onze années de son
gouvernement, il n'y eut qu'un seul procès à l'île de
France.

L'île était infestée de noirs marrons, que les gouverneurs qui l'avaient précédé n'avaient point su détruire,
et qui exerçaient les plus grandes déprédations ; il en
purgea la colonie en armant contre eux des noirs
fidèles (1).

Il n'y avait ni commerce ni agriculture; il fit planter
coton, sucre et indigo, dont il trouva le débouché à Surat,
à Moka, en Perse et en Europe. (2)

(1) Ces noirs marrons étaient pour la plupart d'anciens esclaves
introduits de Madagascar. Conservant l'espoir de pouvoir franchir un
jour la petite distance qui les séparait de leur pays, ils commençaient
par *aller marrons* dans les bois et sur les montagnes, en attendant
l'occasion d'effectuer le voyage dans des embarcations construites par
eux ou volées à leurs maîtres. Ils vivaient en véritables sauvages,
élisaient un chef auquel ils obéissaient aveuglément et se répandaient
par bandes dans les différents quartiers, pillant et incendiant les habitations et réussissant souvent à se procurer des provisions et des armes.
La Bourdonnais en 1736 et 1737 s'occupa de former une maréchaussée
composée de noirs de Madagascar pour leur donner la chasse et réussit,
comme il le dit lui-même dans ses *Mémoires*, à purger l'île de la plupart
de ces brigands.

(2) Dès son arrivée dans la colonie, La Bourdonnais comprit qu'il
ne pourrait retirer du sol tout le parti qu'il en espérait, qu'avec le concours volontaire de ses principaux habitants, et en les encourageant à
travailler par son propre exemple. Et plus tard, quand le succès ne
répondit pas tout d'abord à ses espérances, il ne se dissimula pas qu'il
ne pourrait parvenir à vaincre l'apathie des colons, qu'en leur offrant de
partager les risques des diverses entreprises qu'il avait en vue, en
entrant de moitié ou de quart dans les dépenses et les fournitures
d'esclaves. A ceux-là dont les moyens ne permettaient pas d'exploiter
leurs terres, il avançait des fonds ou procurait le crédit et les services
de la Compagnie. Il réussit de la sorte à secouer leur indolence ; et il
se forma dans la suite d'importantes sociétés en vues d'exploiter les
richesses de la colonie. Aussitôt arrivé La Bourdonnais se rendit acqué-
reur, conjointement avec Pierre d'Albert, Conseiller au Conseil

Par suite de leur indolence, nous dirons même de leur paresse, les habitants souffraient souvent de la disette ; il leur fit semer du riz et du blé pour la nourriture des Européens. Il forma des escadres de chasseurs et de pêcheurs.

Rodrigue lui fournit des tortues, et Madagascar des bœufs, jusqu'à ce que les troupeaux qu'il en avait tirés fussent assez multipliés pour suffire aux besoins de l'île et des navigateurs.

Supérieur de cette île, le 5 Juillet 1735, d'une habitation que M. de Maupin possédait aux Pamplemousses. Elle provenait de Pierre Barmont à qui elle avait été concédée. L'année suivante, étant resté seul propriétaire de ces terres, il y établit sa maison de campagne. Il fit construire en pierre tous les bâtiments qui pouvaient être nécessaires tant à sa famille qu'à la sécurité du lieu, comme corps-de-garde, prison, etc. Il y ajouta même une chapelle où fut baptisé en 1737 M. Ceré, le futur Directeur du Jardin, la paroisse St. François n'existant pas alors. Il y fit conduire l'eau par un canal en pierre qui fournit jusqu'aujourd'hui aux besoins de cette propriété. Telle fut l'origine de Mon Plaisir. Il fit d'abord planter le terrain en mûriers de Chine pour l'éducation des vers à soie. Cet essai n'ayant point eu le succès qu'il en attendait pour des causes physiques insurmontables, il abandonna cette culture pour celle des légumes, qu'il fit servir au besoin du Camp, comme s'appelait alors la ville du Port-Louis. Ce ne fut que trente ans après en 1781 alors que Mon Plaisir était propriété nationale, que ces mûriers plantés par La Bourdonnais furent entièrement arrachés et remplacés par une plantation faite par MM. Céré et de Cossigny, de l'arbre de la côte Malabar, espèce d'accacia appelé vulgairement Bois-Noir dont le charbon servait à la fabrication de la poudre de guerre. Il couvrit de fataque, herbe fourragère qu'il avait introduite, une grande partie des terres qu'il convertit ainsi en paturages pour l'élevage des bestiaux. C'est à Mon Plaisir qu'il fit les premières plantations de manioc que, sur ses ordres, le capitaine de l'*Hercule* avait rapporté de Santiago, une des îles du Cap-Vert. Lui-même en avait introduit du Brésil. Mon Plaisir étant devenu indispensable aux officiers de marine qui y allaient prendre l'air nécessaire à leur santé après de longs mois de navigation, la Compagnie des Indes accepta l'offre que lui fit La Bourdonnais d'acquérir ce domaine pour le prix qu'il lui avait coûté. Elle en fit l'acquisition pour la somme de 20,369 livres, 8 sous, 5 deniers prix auquel le conseil lui-même l'avait évalué. Elle servit de maison de campagne aux différents gouverneurs qui succédèrent à M. de La Bourdonnais, jusqu'à ce que M. David qui venait de créer la sucrerie de " Minissy " eût trouvé plus commode de faire la Compagnie construire le Réduit à proximité de ses terres, et d'y fixer sa résidence. Mon Plaisir servit dès lors de maison de campagne à l'intendant. Si La Bourdonnais ne fut pas l'introducteur de la canne à sucre dans la Colonie, du moins, il doit être considéré comme le créateur de l'industrie

Il introduisit aussi à l'île de France la culture du maïs et particulièrement celle du manioc, plante qu'il avait vue au Brésil servir à la nourriture des esclaves et venir sans beaucoup de soins. D'abord les habitants montrèrent une telle répugnance pour cette culture, qu'il y en eut qui, pour faire périr la récolte, arrosèrent la plante avec de l'eau chaude. Pour comble de malheur, les noirs ayant volé des racines de manioc, les mangèrent après les avoir fait cuire sous la cendre et moururent empoisonnés,

sucrière. Cette plante était cultivée par les Hollandais et après eux par les premiers colons français, plutôt pour la fabrication de l'arrack que pour celle du sucre. A lui revient le mérite d'avoir remplacé les primitifs *frangouriniers* par des sucreries. La perte des premières machines, chargées à bord du St. Géran ne le découragea pas, De nouvelles commandes sont expédiées en Europe, et bientôt s'élèvent aux Pamplemousses et à l'Enfoncement des Hollandais, au Grand Port, deux importants établissements sucriers. A M. Athanase Ribretière de la Villebague, son associé, il confie l'administration du premier qui prend le nom de son directeur, et le donne à la localité. Jaloux de faire prospérer ce domaine, il n'hésite pas à y porter des améliorations qui le mettront sur le pied d'une usine modèle, et s'assure les services d'un enseigne de vaisseau, M. Louis Desportes Jean, dont les connaissances et l'expérience dans la fabrication du sucre lui sont connues, pour établir une nouvelle sucrerie sur le modèle de celle de St. Domingue, " capable " de fournir 500,000 livres de sucre brut, marchand, et bien conditionné " à la 3ème année après la fin des travaux." La guildiverie qui y fut jointe fabriqua un rhum qui jouit pendant longtemps d'une réputation coloniale. Ce bien de La Villebague, aujourd'hui la " Rosalie ", dont l'usine porte encore le millésime de 1744 compte parmi les meilleures propriétés du " Mauritius Sugar Estates Company." La Bourdonnais confia la direction de l'habitation de l'Enfoncement des Hollandais, dont les terres jusque là incultes appartenaient à M. de St.-Martin, second de l'Ile, son associé, au Chevalier Pierre Moulinot de la Plaine, ancien propriétaire sucrier de La Martinique, et l'intéressa dans l'opération. Le nom de Moulinot a été conservé au pont jeté sur la rivière Champagne et qui communique à " Ferney ", nom que porte aujourd'hui l'ancienne propriété de La Bourdonnais. En même temps que La Bourdonnais jetait les fondements de l'industrie sucrière, il ne perdait pas de vue les autres objets de culture qui avaient attiré son attention. S'étant fait concéder des terrains dans les endroits qui lui avaient paru les plus propres à ces différents genres de culture, ici, aux Pamplemousses où s'étendent aujourd'hui les propriétés " Beau Plan " et "Belle Vue," il créa une cotonnerie ; là dans cette vallée pittoresque du Pieterboth qui comprend aujourd'hui la propriété "l'Industrie," une indigoterie qu'il confia aux soins de M. Pierre Laurent de Reine. Le succès couronna tant d'efforts, et lorsque La Bourdonnais quitta cette colonie, il put contempler avec satisfaction l'œuvre impérissable qu'il laissait derrière lui et qui devait rendre son nom vénéré et respecté des générations futures.

parce qu'ils avaient ignoré la manière de purger cette racine de son suc vénéneux. Les esclaves, effrayés de l'accident et se voyant soutenus par leurs maîtres, refusèrent alors cet aliment.

La Bourdonnais sentant combien il était essentiel de leur rendre la confiance, pria M. de Reine, Capitaine d'infanterie, dont le dévouement lui était assuré, d'en apprêter de nouveau, et il en mangea le premier devant eux ; et, comme dit M. D'unienville, (1) il fut forcé d'employer son autorité pour faire accepter un bienfait. Une ordonnance enjoignit à chaque habitant de planter du manioc dans 500 pieds carrés de terrain par tête d'esclave à son service. Grâce à lui, depuis cent ans aux îles de France et de Bourbon, cette racine et le maïs sont le fond de la nourriture des noirs. (Lett. de Reine, 28 Mars 1792, et Ann. Mar. 1824 2e. part. 1. 1er. p. 92). A son arrivée les deux îles étaient dans un dénûment complet. Il ne trouva, bien qu'on lui eût annoncé qu'il en serait autrement, ni ouvriers, ni troupes, ni marine : il sut s'en créer non sans avoir, il est vrai, à vaincre une résistance continuelle de la part des habitants, dont son infatigable activité changeait totalement les habitudes (2). Pendant

(1) Marie Claude Antoine Marrier, baron d'Unienville, Archiviste Colonial, auteur des " Statistiques de l'Ile Maurice et ses dépendances."

(2) Il comptait aussi trouver plusieurs ingénieurs et assistants ingénieurs, mais à la suite de longues querelles avec les administrateurs, les uns avaient été renvoyés de la colonie, les autres, après avoir obtenu l'autorisation de repasser en France, s'étaient retirés à la campagne. Parmi ces derniers se trouvait Paradis, venu à l'île de France avec l'ingénieur Cossigny, auquel La Bourdonnais s'intéressa et qui devint plus tard, dans l'Inde, son plus mortel ennemi. Quant aux ouvriers sur lesquels La Bourdonnais espérait pouvoir compter, ils s'étaient presque tous révoltés peu de temps avant. Dans une lettre datée de Décembre 1734 l'Ingénieur Cossigny se plaint, en effet, de " la totale insubordination, indiscipline et mutinerie répandues dans les ouvriers de toute espèce, et de toute couleur, la plus grande partie ayant abandonné les ateliers pour se livrer entièrement à la débauche, à la fainéantise et à l'indiscipline suscitée et fomentée par le Sr. Bourdas, Procureur du Roy."

cinq ans on le vit toujours levé à quatre heures du matin, le jour suivant les travaux, (1) la nuit travaillant dans son cabinet. Il fit pratiquer des chemins, car, disait-il, de la facilité des transports dépend la richesse des habitants de tout pays ; il fit dompter des taureaux, construire des voitures pour le charriage des bois et des pierres. Avant lui les créoles des Iles de France et Bourbon ne savaient pas ce que c'était qu'une charrette.

Une pièce de bois coûtait 120 journées de noirs, grâce à lui elle ne coûtait plus que trente cinq sous rendue au port. Tour à tour ingénieur et architecte, il faisait les plans, surveillait les ouvriers et secouait leur paresse. L'île avait une cabane formée de palissades, dans laquelle était une trentaine de lits, c'était là qu'on amenait les malades.(2) Il fit construire à la ville et à la campagne deux hôpitaux assez grands pour recevoir 4 à 500 lits, et il y faisait des visites presque journalières pour surveiller le service, et empêcher le gaspillage et la friponnerie. (3) Il construisit des magasins, des batteries, (4) des casernes, des fortifi-

(1) Le Chevalier de Tromelin, Ingénieur, dans un rapport daté de l'Ile de France le 22 juillet 1770 émet l'opinion suivante sur les travaux faits par Labourdonnais : " On est redevable à M. de La Bourdonnais de presque tous les travaux utiles qui ont été faits jusqu'à ce jour à l'Ile de France."

(2) D'après une notice que doit publier M. A. Rae, cet hôpital était bâti sur un emplacement situé rue du Rempart et de la Grande Montagne, et qui porte de nos jours le No. 34, à l'angle des rues du Rempart et Desroches (Immeubles Fleurot.)

(3) L'hôpital que Labourdonnais construisit au Port Louis était protégé par un bastion qui portait son nom et qui fut démoli après l'incendie de 1816. Il prit plus tard le nom d'Hôpital militaire, et fut transféré le 2 Août 1841 par le gouvernement civil au département militaire. Vendu par ce dernier il y a quelques années, il est aujourd'hui la propriété de " l'Arabian Dock Company.

(4) Il faut citer particulièrement la Batterie La Bourdonnais dont il est parlé en termes suivants par le Sr de La Motte, officier de marine, dans une lettre datée de l'île de France le 1er Avril 1754, reproduite par la Revue Historique et Littéraire de l'île Maurice du 18 Oct 1891 :

"L'entrée de ce port est défendue par une batterie faite en bois élevée par étages sur une petite île nommée des Tonneliers que l'on trouve à gauche en entrant. Ce fort a été bâti par le fameux La Bourdonnais dans le temps qu'il était gouverneur,".

cations,(1) des arsenaux,(2) des logements pour les officiers,
des bureaux, (3) des moulins, (4) des aqueducs, des

(1) La relation suivante de la tentative de débarquement de l'amiral Boscawen au mois de Juillet 1748, peu de temps après le départ de La Bourdonnais, empruntée au Dr John Campbell "Lives of British Admirals, London, 1817," donne une idée des moyens de défense établis par La Bourdonnais :

" ... At the same time he (*Admiral Boscawen*) despatched an officer, in whose judgment and accuracy he could safely rely, along the shore to reconnoitre the coast and fix on a spot where the troops might be landed with the least difficulty; and in the most orderly and expeditions manner. This officer, on his return, informed the admiral that the batteries and defence which the enemy possessed were very numerous and respectable ;— that he had been fired upon from eight batteries, as well as from the forts, at the entrance of the harbour ;......"

[TRADUCTION]

En même temps il (*l'amiral Boscawen*) envoya le long du rivage un officier dans le jugement et l'exactitude duquel il pouvait avoir confiance, afin de reconnaître la côte et de déterminer un point où les troupes pourraient être débarquées avec le moins de difficulté et le plus d'ordre et de promptitude possibles. A son retour cet officier informa l'amiral que les batteries et les moyens de défense que possédait l'ennemi étaient très nombreux et très respectables ;—qu'il avait essuyé le feu de huit batteries ainsi que celui des forts qui défendaient l'entrée du port..."

(2) C'est à tort que quelques écrivains font remonter à La Bourdonnais l'établissement appelé " L'Arsenal ", situé au fond de la Baie-aux-Tortues. Ce ne fut qu'après l'explosion du Moulin à Poudre qui y était installé, que les bâtiments furent utilisés comme magasins &a. Cette explosion eut lieu en Octobre 1774 par le fait de l'imprudence d'un canonnier qui, malgré la consigne sévère de n'introduire aucune espèce de feu dans son enceinte, en avait porté dans un réchaud pour sceller les gonds de la prison de l'établissement. Un nouveau moulin à poudre de guerre fut construit vers 1780 à l'intérieur des terres, à l'abri des feux des vaisseaux étrangers.

(3) Quelques bureaux se trouvaient au gouvernement qui n'était alors qu'un rez-de-chaussée. " Le gouvernement, écrit le Sr de La Motte, (ouvrage et lieu cités) est bâti en face du port, précédé d'un corps de garde fermant à clef sous lequel on passe, d'où l'on entre dans une *place* bordée à droite et à gauche des magasins de la Compagnie, au bout de laquelle se présente assez bien le gouvernement bâti en pierres et en moëllons. Ce gouvernement est aussi l'ouvrage du Sr de La Bourdonnais. Le bâtiment est carré, une cour au milieu, couvert à l'Italienne en terrasse ; les appartements en sont assez logeables."

(4) Au nombre de ces moulins à vent figurait celui qui était en voie de construction lors de l'arrivée de La Bourdonnais. Construit en maçonnerie, en tour ronde de 18 pieds de diamètre et de 24 pieds de hauteur, il était, protégé par une batterie de forme heptagone appelée " batterie du Moulin " et montée de 11 pièces de canon. Cette tour existe encore aujourd'hui, et se trouve dans l'enceinte du bureau du Port où il sert de sémaphore. Un autre moulin construit aussi en tour ronde de 21 pieds de diamètre et 24 de hauteur fut élevé sur un îlot de madrépore situé en rade

Profil et Plan de la Redoute La Bourdonnais, élevée sur l'île aux Tonneliers.

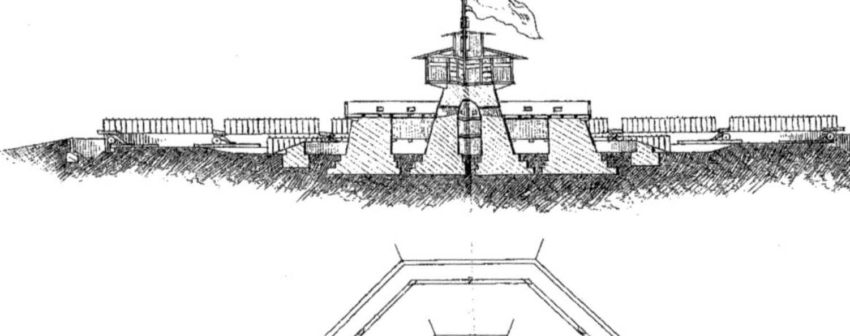

REDOUTE LA BOURDONNAIS.

—

" Cette redoute est située sur l'isle des Tonnelliers à
" l'entrée du Port du Nord-Ouest au bord du rivage,
" elle est renfermée dans un octogone régulier, formant
" huit poligones égaux, au milieu de cette plate-forme
" ou poligone est la redoute composée d'un étage sous
" terrein, où est pratiquée une poudrière et une citerne
" qui reçoit les eaux de pluie qui tombent sur le toit
" par le moyen des gontières ; au-dessus de l'étage
" sous terrein est un magasin à biscuits au-dessus du-
" quel est le corps de garde pour loger les troupes.
" Ce dernier étage est voûté ; au-dessus est pratiqué
" une batterie faisant saillie en dehors de 2 pieds, afin
" que l'on puisse voir le pied du révêtement de la re-
" doute, au-dessus de la batterie le logement des offi-
" ciers couvert en pavillon.
" Les quatre côtés de la redoute sont flanqués de
" quatre redans, tout le corps de la redoute et des
" redans sont enveloppés d'une fausse braye accom-
" pagnée de son parapet, laquelle fausse braye est
" entourrée d'un fossé qui luy est tracé parallèlement.

" Chaque extérieur du poligone à 15 toises 5 pieds
" longueur d'un angle à l'autre. Deux des côtés de l'o
" togone faisant face à la mer ont ensemble 31 toises
" de longueur sur 6 pieds d'épaisseur au-dessus d
" fondements et 7 pieds de hauteur.

....

" Un des côtés du parapet de la fausse braye
" percé d'un passage de 6 pieds de largeur d'un piedr
" à l'autre pour servir de communication de la fau
" braye à la platte-forme par le moyen d'un pont qu'
' y a pratiqué ; le pont de communication à 16 pi
" de longueur sur 8 pieds de largeur ....
...... Le pont-levis est fait de la longueur et ouvert
" de l'entrée du passage."
(*Toisé et Estimation des Batteries de l'Isle de Fra
par Dulac—1771*).

Cette redoute portée à l'estimation ci-dessus à
somme de 180,495 livres tournois 10s. 8d. occupait l'e
placement actuel du Fort Georges. Elle dut être util
lors de la construction de ce fort.

D'après le Colel R. de POYEN
(La guerre aux Iles de France et de Bourbon.)

cure-môles pour nettoyer le port, des ponts, des quais, des canaux, tout enfin. L'aqueduc qui amène les eaux de la Petite Rivière au Port Louis, où il n'y en avait pas de potable, a une lieue de longueur. (1)

A Bourbon, il fit construire un pont volant qui n'existe plus aujourd'hui, mais qui, lorsque la mer était grosse, servait à charger et décharger les navires.—" En 1735, dit M. Thomas (1828 L. 1, p. 143) M. de la Bourdonnais, auquel les îles de France et Bourbon doivent tant de bien-faits et dont on ne peut s'empêcher de reconnaître partout le génie et les talents, avait indiqué un point nommé La Calle, comme susceptible d'être disposé à servir de retraite aux embarcations dans les raz-de-marée......... Cette opinion a été depuis partagée par tant de personnes qu'elle

et relié plus tard à la terre ferme par une chaussée. Cette tour servit ensuite de poudrière, et enfin d'observatoire jusqu'au moment où fut construit celui des Pamplemousses. Elle fut démolie en 1880. Seul son mur d'enceinte élevé sur plan carré de 6 toises subsiste encore. Il contient les bureaux du Directeur du Mauritius Dock. Une troisième tour qui servit aussi à l'origine de moulin à vent existe encore dans le camp du Mauritius Dock, à Caudan.

(1) Cet aqueduc connu sous le nom de " Canal La Bourdonnais " avait été entrepris vers 1737. Il mesurait 3600 toises de longueur et avait sa tête d'eau à la Grande Rivière, a peu près au même endroit où prend le Canal Dayot. Il suivait les bords de la rive droite de la ravine, traversait le Ruisseau St Louis, et, en suivant le petit coteau qui est au pied de la batterie Conti, traversait la plaine bien au-dessous de l'en-droit où la traverse le Canal Dayot, entrait dans le Camp de l'Ouest entre la Rue la Gaieté et celle des Créoles, et arrivait en suivant cette direction vers la Rue de la Pompe, où était située la seule fontaine publique dont le site fait aujourd'hui partie de l'emplacement Cormerais sur le Rem-part. De là l'eau se rendait par des tuyaux en plomb au gouvernement, à l'hôpital et alimentait l'aiguade du Port. A l'arrivée de La Bourdonnais les sources du Pouce fournissaient seules l'eau nécessaire aux besoins de la ville. Elles faisaient mouvoir le premier moulin à blé construit dans la colonie à côté de la Boulangerie, dans l'enfoncement situé entre le Champ de Mars et le Champ de Lort, qui prit plus tard le nom de Bou-chaud, du nom de l'entrepreneur de la Boucherie de l'Etat installée dans cet endroit. Lorsque ce ruisseau tarissait on ne trouvait de l'eau qu'à une lieue de la ville, et pour s'en procurer à cette distance on était forcé, dit La Bourdonnais dans ses mémoires, " d'essuyer des peines et des fatigues inexprimables et même d'exposer sa vie dans les mauvais temps."

a prévalu sur les autres projets qui ont été présentés ; après les avoir expliqués, il ajoute...... " On en est revenu aux projets de M. de La Bourdonnais, qui dans leur simplicité ne donnent pas ce qui est nécessaire, mais ne proposent rien qui ne puisse être exécuté ".

A l'Ile de France, les navires ne duraient que 4 à 5 ans ; il apprit aux colons à les radouber, car ces gens là, ce qui est inconcevable, ignoraient absolument ce qu'ils avaient précisément besoin de savoir. Il éleva un chantier de construction sur lequel il entreprit d'abord un brigantin ; ensuite, en 1738, deux bâtiments de plus grande dimension, et enfin un navire de 500 tonneaux armé en guerre. (1)

Il inventa une machine ingénieuse pour relever les bâtiments naufragés, et une autre pour raccommoder les gabarres et les pontons. Ainsi au moyen de cette machine, 16 hommes purent, en une demi-heure, enlever un ponton de 300 milliers et le mettre en état d'être radoubé à l'abri de la pluie et du soleil. (2)

Il faut remarquer que tous les faits qui précèdent, bien que publiés en partie par La Bourdonnais lui même, sont d'une exactitude scrupuleuse, car ses ennemis les plus acharnés n'ont pas pu en démentir un seul.

(1) Sous La Bourdonnais le port de l'Ile de France obtint, pour la construction et la réparation des vaisseaux, une réputation égale à celle de Lorient. Les bâtiments construits par lui furent *La Créole*, *Le Nécessaire* de 150 tonneaux, l'*Utile* de 250 et l'*Insulaire* de 350. Lors de l'expédition de l'Inde l'*Insulaire*, armé en guerre, était commandé par le capitaine de La Baume. Il était monté par 350 hommes et comptait 24 canons. Il fit naufrage dans le Gange, à Bengale, après y avoir capturé un vaisseau anglais.

(2) Cette machine, construite en charpente et couverte en bardeaux de 6 toises 4 pieds de long sur 4 toises 2 pieds de largeur et de 2 toises de hauteur, était placée sur un bassin dans l'enceinte du Port. Comblé après l'incendie de 1816 par les démolitions du bastion La Bourdonnais, le Bassin des Chaloupes, comme on l'appelait, se terminait un peu au delà des angles orientaux des Rues de l'Eglise et Farquhar.

Il fit construire des découvertes du haut desquelles on pouvait apercevoir les vaisseaux en mer à plus de 15 lieues, ce qui donnait le temps de se mettre en défense en cas d'attaque. (1) La Compagnie, toujours bien inspirée, lui reprocha cette dépense comme inutile, et parce qu'alors on était en paix, elle ne supposait pas qu'il serait utile un jour de pouvoir découvrir de loin les vaisseaux ennemis.

La Bourdonnais, dans la prévision d'une descente, voulait construire une citadelle, mais la Compagnie n'en voulut point faire la dépense. Il aurait désiré que dans l'intérieur de chaque colonie on choisît un endroit situé avantageusement et assez fortifié pour pouvoir y mettre en sûreté les femmes et les enfants, les bestiaux et les gens suspects, et y avoir des vivres et des munitions nécessaires, afin que si les ennemis s'emparaient du bord de la mer, on pût par une petite guerre les empêcher de s'y établir, ou du moins leur résister jusqu'à ce qu'on reçût du secours (2).

Il plaça des postes dans les îles voisines et jusqu'aux Seychelles dont la principale reçut son nom Mahé. Ce fut le sieur Lazare Picault, capitaine de l'*Elisabeth* qui par ses ordres, prit possession de cet archipel (3).

(1) La première découverte fut construite à Port Louis sur la montagne appelée aujourd'hui *Montagne des Signaux* et autrefois connue sous le nom de *Montagne de la Découverte.*

(2) Il semblerait que le successeur de La Bourdonnais, Barthélmy David, se soit inspiré de cette idée en créant *Le Réduit* en 1749.

(3) Voulant faire déterminer la position des Iles et écueils qui se trouvent à l'est de Madagascar et qui étaient à peine mentionnés dans les cartes alors en usage, La Bourdonnais expédia dans ce but en 1742 les bateaux le *Charles* et l'*Elisabeth*. Le 19 Novembre de la même année, le commandant de l'*Elisabeth*, Lazare Picault, reconnut le groupe d'îles que Diégo Suarez avait appelées " Les Sept Frères. " Il donna au groupe le nom " La Bourdonnais " et à la principale île celui de " Mahé " qu'elle a depuis conservé. Ces îles furent plus tard appelées *Iles Sèchelles* en l'honneur sans doute de Moreau de Sèchelles, contrôleur général des Finances.

Il aurait voulu (1743) donner la côte de Mozambique à la France ; il la regardait comme une autre côte du Brésil.

On m'excusera, je pense, de m'étendre un peu longuement sur le compte de La Bourdonnais, mais parler de lui c'est faire son éloge : or c'est un hommage que je tiens à rendre à un homme de génie.

Un de ses successeurs, M. le Chevalier Desroches, (1) dans une de ses lettres à M. de Praslin disait : " On ne peut opérer ici le bien qu'en suivant les routes tracées par M. de La Bourdonnais. Cet homme extraordinaire distinguait mieux les objets à travers l'épaisseur des fôrets que d'autres ne le distinguent depuis que le pays est découvert. "

Voyons maintenant pendant qu'il travaillait avec un zèle opiniâtre au bien de la colonie, ce que faisaient ses subordonnés et ses chefs. Ce qu'ils faisaient ! Les habitants des îles, les ingénieurs et la Compagnie, tout en rendant justice à ses qualités personnelles et à ses talents, ne cessaient, le croira-t-on, de se plaindre de lui ; (2) les uns à cause des corvées qu'il leur imposait, les autres, les ingénieurs, parce que soi-disant il envahissait leurs fonctions. Les malheureux, ils avaient mis trois années à faire un magasin dont le pareil avec les mêmes ouvriers fut fait

(1) Gouverneur général des Iles de France et de Bourbon de 1769 à 1772.

(2) Parlant des plaintes des habitants de l'Ile Bourbon, La Bourdonnais dit dans une lettre citée par le Dr H. Lacaze, " l'ILE BOURBON, l'ILE DE FRANCE, MADAGASCAR, " 1880 p. 155 ; " Ce n'est plus M. Dumas qui les tyrannise, c'est M. Dumont et moi, un autre viendra ce sera lui, il en sera toujours de même, si on ne réprime pas l'esprit de cabale et de calomnie qui règne dans cette île par des discours empoisonnés de trois ou quatre mauvaises têtes qui répandent le venin partout..."

par La Bourdonnais en trois mois. La Compagnie se
plaignait parce qu'il faisait, disait-elle, des dépenses inutiles. Nous avons vu plus haut ce qu'elle entendait par
dépenses inutiles. Les capitaines de vaisseaux, sous qui
il avait servi, se montraient jaloux de son avancement,
refusaient de lui obéir, et plusieurs même à leur arrivée
en France, furent assez injustes pour se plaindre qu'il les
avait laissé manquer des vivres nécessaires pour leurs
équipages. Mais les certificats signés par ces capitaines
et conservés par La Bourdonnais ont prouvé, au contraire,
qu'ils avaient reçu ce qui leur était nécessaire et même
plus. Que l'on juge quels hommes étaient ces capitaines !
On en a vu venir de Rodrigue avec 7 à 800 tortues et ne
pas vouloir en donner pour faire du bouillon aux malades !
Ils allaient à Bourbon les vendre ou les troquer pour des
volailles. On peut nommer, entre autres, les Capitaines
Boission et Lagarde qui, tous deux, furent blâmés par la
Compagnie.

Le Conseil Supérieur de Bourbon, dans le sein duquel se trouvaient des envieux, écrivit contre La Bourdonnais d'odieuses calomnies. Il en fut informé par la Compagnie qui lui mandait qu'elle refusait de croire mais elle
lui faisait comprendre qu'il était cependant convenable
qu'il donnât des explications. Au sujet des corvées des
noirs, les sieurs Bellecourt et Systenas répandirent contre
lui d'affreux libelles. " J'ignore, écrivait-il à M. Orry,
la plus grande partie des plaintes portées contre moi, mais
je n'en crains aucune, et je suis en état de répondre sans
préparation à tout ce que la malignité a pu inventer. "

Les directeurs voulaient qu'il renvoyât les employés
soupçonnés de fraude. " Mais, Messieurs, leur répond-il,

on fraudera toujours, sans qu'il soit possible de l'empêcher puisqu'on ne trouve pas dans nos magasins ce dont
on a besoin. Et d'ailleurs peut-on renvoyer sur un soupçon ? Quel rôle me faites-vous jouer ? "

On l'accusait de vendre publiquement des marchandises et des noirs pour son compte, comme avait fait
M. de Maupin (1), de s'être fait, sous des prétextes plus
spécieux que réels, concéder des terrains plus étendus que
les limites prescrites. Ceci fut répété plus tard dans
un libelle rempli d'imputations fort graves et de beaucoup d'injures. Il sut que ce libelle était de la main
d'un homme dont les écrits et la personne avaient déjà été
flétris deux fois par la justice ; dans ses mémoires il fut
assez généreux pour ne point le nommer.—On lui repro-
chait d'avoir employé les noirs des colons de Bourbon à
son profit particulier ; calomnie du reste fort maladroite,
car il n'avait jamais eu un pouce de terrain dans cette
colonie.

Trois mois après son arrivée à Bourbon, on lui ensei-
gna le moyen de se faire un gros revenu avec sûreté de
conscience, et, pour le lui prouver, on le mena de principes
en conséquences. " La Compagnie, lui dit-on, ordonne
de vendre des noirs à quiconque paiera comptant, les
mâles 300 livres tournois, les femelles 250 ; elle reçoit au
magasin les planches à 25 sous et les sacs d'emballage de
café à 10 sous ; cela est-il vrai ? " Oui dit-il.—" Eh bien
donc, achetez des esclaves, donnez les à des habitants qui
vous donneront 800 planches soit (1,000 lb.) pour un noir
et 1800 sacs soit (900 lb.) pour une négresse ; remettez

(1) Nicolas de Maupin, Commandant de l'Ile de France sous les
ordres de M. Dumas, Directeur Général des deux îles, de 1729 à 1734.

le tout au magasin, qui en a besoin, et multipliez cette opération assez pour vous faire 20,000 livres de rente. "

" J'ai entendu, répondit-il, mais pouvant faire le marché pour la Compagnie, je ne le ferai certainement pas pour moi. " Effectivement, il l'a fait pour elle pendant trois ans.

Il fallait une probité bien solide au moins pour résister aux séduisantes attaques de cette nature dirigées chaque jour contre lui. On n'épargnait aucun moyen pour tacher de le faire succomber, parce que le chef, une fois qu'il est compromis, est obligé de fermer les yeux sur les fautes de ses subordonnés. A son arrivée, la fièvre de l'agiotage faisait délirer tous les esprits. Bourbon alors, écrivait La Bourdonnais, était une vraie rue de Quincampois.

Il ne pensait qu'à ses intérêts, osaient dire quelques-uns de ses accusateurs. Oui, en cédant à la Compagnie pour 300 livres cash trente trois noirs qui lui avaient coûté 500 et jusqu'à 1000 et qu'il aurait pu vendre à Bourbon de 1500 à 2000. Il lui abandonnait même le loyer de ces noirs et son intérêt dans les entreprises de bois, de la chaux, etc., etc., ce qui montait à une somme considérable.

Enfin, que l'on juge de l'impudeur de certains membres de la Compagnie; il s'en est trouvé qui ont osé lui écrire ce qui suit: " Avez-vous autorisé l'entrée en fraude de deux malles de modes ? et lorsqu'elles ont été vendues, avez vous fait annuler le marché, et avez-vous pris la marchandise pour vous à 70 pour cent au-dessous du prix convenu ? Si ce fait se trouve vrai, vous êtes des plus blâmables. "

La Bourdonnais dans sa réponse laisse échapper son

indignation, mais il conserve cependant sa dignité et le ton de déférence qu'il doit à des chefs :—" Sans doute, Messieurs, que si ce fait était vrai je serais blâmable, et d'autant plus que je serais un fripon avéré ; mais comme il est faux, permettez que je dise que celui qui l'a avancé est un fourbe, un coquin et un misérable ; s'il lui reste encore quelque peu d'honneur, ces épithètes doivent l'engager à se nommer, et je serai ravi qu'il sût que c'est moi qui les lui donne. D'ailleurs quelque subordonné que je sois, et quelque opinion que vous ayez de ma façon de penser, c'est trop exposer, Messieurs, la prudence d'un officier que de lui dire de pareilles choses. Mais sans me laisser emporter à ce que je vous dois, je vous prie, Messieurs, si vous avez jamais de pareils soupçons, de vous en informer à d'autres, et de m'envoyer plutôt mon congé sur le champ que de me réduire à la dure nécessité de manquer à vous ou à moi ; car, soyez persuadés que je n'ai jamais rien fait qui puisse me faire rougir, et je ne commencerai certainement pas aujourd'hui que vos bontés m'ont procuré un état dans lequel je ne dois pas souffrir, aux dépens de ma propre vie, l'ombre du moindre soupçon offensant. "

Quant aux nègres de la Compagnie qu'on l'accusait d'avoir vendus à bénéfice,—" il est vrai, dit-il, dans ses MÉMOIRES, que j'en ai acheté une trentaine pendant mon gouvernement pour me servir de domestiques ; mais loin d'en avoir vendu aucun, je les ai donnés à différentes personnes lorsque je quittai les îles. "

Toutes les accusations portées contre lui étaient de la même force ; il lui fut donc facile de se justifier, et il le fit de la manière la plus victorieuse.

Je crois qu'il n'est pas hors de propos, en parlant de La Bourdonnais, de faire connaître quels étaient ces directeurs dont il était obligé de suivre les instructions. A la vérité, il y avait un Laval-Montmorency, et avec ce respectable seigneur plusieurs hommes honnêtes et capables, mais il y en avait aussi de passionnés, de cupides, et le plus grand nombre étaient d'une intelligence administrative extrêmement bornée, malheureusement pour eux, pour La Bourdonnais et pour l'État. Voici le nom de quelques-uns de ces messieurs : Deshayes, Fromaget, Le Cordier, Castanier, l'Abbé Raguet, P. Saintard, T. Morin, Desprémesnil La Veyrières, Brinon de Caligny, Boyvin, Cavalier, d'Hardancourt, etc., etc. Plus tard (le 13 Juillet 1772) il y en eut trois, MM. Risteau, de Mery-Darrac et Sainte Catherine qui se firent honneur en signant un mémoire dans lequel ils rappelaient tous les services rendus par La Bourdonnais à la Compagnie.

La Bourdonnais avait exprimé à la Compagnie son désir de faire de l'île de France l'entrepôt du commerce des Indes ; mais cette idée ne fut point goûtée par elle, et elle lui répondit le 20 Novembre 1737 :—" Tout mûrement considéré, la Compagnie ne pensera jamais à former un entrepôt à l'île de Franc·."

Le 10 Septembre 1738, elle lui écrivait : " que ses demandes d'argent, de marchandises, agrès et apparaux, ustensiles, vivres et munitions de guerre étaient exorbitantes. Il paraît, lui disait-on, que vous voulez toujours faire de l'île de France un entrepot ? "

Cette idée de La Bourdonnais, sur laquelle la Compagnie ne voulut point s'arrêter fut cependant plus tard

appréciée par le duc de Praslin, ministre aussi instruit
que zélé. Le 17 Septembre 1768, dans ses intructions à
Messieurs Dumas et Poivre (1) il leur dit qu'il pense depuis
longtemps que la meilleure façon de faire prospérer le
commerce de l'Asie, c'est d'en établir *l'entrepôt à l'île
de France.*

La Bourdonnais avait aussi formé le projet de bâtir
une ville sur le même emplacement où l'on en voit une
aujourd'hui. Il disait à la Compagnie que plus tard,
elle trouverait à se défaire des maisons avec avantage.
Ceci était assurément fort bien imaginé. Or que répondirent les Directeurs ? " Nous ne comprenons pas
votre manière de penser ; vous vous éloignez très
fort des vues de la Compagnie qui ne vous a nommé
gouverneur que pour lui faire construire des magasins,
faire des logements pour les employés et ouvriers,
mettre les îles en état de défense par de simples batteries
et lui procurer des bestiaux, vivres et légumes en la plus
grande quantité qu'il serait possible pour la relâche de
ses vaisseaux, et écarter tout autre vue que vous pourriez
avoir. Il y a même une réflexion essentielle à faire et qui
n'aurait pas dû échapper à vos lumières, qui est que si
vous réunissez tous les habitants dans une ville, que
deviendront les habitations où la présence du maître est
nécessaire ? Par qui seront-elles gardées, les maîtres étant
absents ? Le noir marron aurait un beau jeu ! Nous
sommes très éloignés d'y penser, etc. "

Laissant de côté l'inconvenance du style, on pourrait

(1) Jean Daniel Dumas et Pierre Poivre, administrateurs de l'île,
après qu'elle eut été rétrocédée au Roi, en 1767, le premier comme commandant général des deux Iles, le second en qualité de commissaire du
roi et d'intendant général.

dire l'impertinence, qui réduit les fonctions de gouverneur à celles de charpentier, de canonnier, de nourrisseur et de maraîcher on est confondu à la lecture d'absurdités pareilles. N'est-il pas affligeant de voir ainsi le génie étouffé par la sottise ?

Cette année 1738 fut encore, sous d'autres rapports, bien cruelle pour La Bourdonnais, car en trois mois il perdit sa femme et deux enfants. A la vérité il reçut peu de temps après la croix de Saint Louis (brevet du 11 novembre 1737) et 8000 livres de gratification, sans les avoir demandées ; mais de telles récompenses ne pouvaient flatter que son amour-propre et non adoucir ses chagrins de cœur. Dans le brevet de chevalier de Saint Louis, on le qualifiait de lieutenant de frégate ; mais c'était un vain titre qui lui était accordé en indemnité de celui de capitaine de vaisseau de Portugal qu'il avait perdu en quittant le service du vice-roi de Goa.

Nous avons dit que La Bourdonnais s'était justifié aux yeux des directeurs ; mais il était loin d'être délivré des tracasseries et des injustices. Il avait dans le public et dans la Compagnie même des ennemis, dont sa justification avait augmenté l'animosité.

Le 20 Mars 1739, il écrivait à M. Orry :—" Je défie la plus noire calomnie de me prouver que j'ai fait quelque chose qui puisse avoir fait tort d'une obole à la Compagnie ...... Il me reste à vous supplier de m'accorder un congé ou de me retirer de cette île. Il n'est pas possible que je puisse résister à la douleur de me voir contraint d'habiter des lieux où j'ai perdu ma famille et mon repos et altéré ma santé, et d'être pour comble de disgrace, réduit à la dure nécessité de justifier ma conduite."

Cependant telle était la noirceur des calomnies répandues contre lui, que lorsque la mort de sa femme eut motivé son retour en France, en 1740, il y trouva les ministres fort prévenus contre lui ; mais les explications qu'il leur donna furent si satisfaisantes que sa faveur auprès d'eux fut plus grande qu'auparavant.

Il avait prouvé que, de 1735 à 1740, l'île de France avait donné un bénéfice de lb : 527,124. 08s. 10d. et Bourbon lb : 297,810. 18s. 05d. total—lb : 824,435. 07s. 03d.

Malgré les ouragans et les raz de marée, les vaisseaux à approvisionner, (*la Paix* et *la Thétis*) il avait laissé les magasins garnis pour neuf mois, la récolte prête à faire et les secours des Indes et d'Europe près d'arriver. " Malheureusement, disait-il, les colons sont fainéants ou n'ont pas assez de connaissances pour concevoir le dessein de s'établir mieux que leurs pères, de là vient que nos colonies ne sont toujours habitées que par des colons pauvres ou peu industrieux." (1)

(1) La résolution suivante, que La Bourdonnais fit adopter au Conseil Supérieur de l'île Bourbon au sujet du peuplement de l'île de France, donne une idée des moyens qu'il lui fallait employer et des ménagements qu'il devait apporter dans les moindres entreprises :

... " Sur ce qui a été représenté que par l'augmentation considérable des familles dans cette isle, plusieurs habitants se trouvaient dès à présent dans le cas de n'avoir à partager à ceux de leurs enfants qu'ils étaient sur le point d'établir que très peu ou point de terre, et qu'il serait extrêmement avantageux à cette colonie de commencer de bonne heure à faire naître aux jeunes créoles l'idée de s'établir à l'isle de France pour les tirer de la molle oisiveté dans laquelle plusieurs d'eux vivent, en leur faisant envisager un avenir heureux dans la jouissance des concessions que le Conseil Supérieur du dit lieu est en état de leur donner avec les avances convenables tant en noirs qu'en effets des magasins pour travailler utilement à leur fortune, mais que comme il ne serait pas facile de les porter de gré à gré à cette transmigration, tant par les oppositions de leurs pères et mères fondées sur une tendresse mal entendue, que parce que ces jeunes gens dont la plupart ne sont jamais sortis de cette isle, ont un préjugé mal fondé sur celle de France, qu'il serait à propos de détruire, il conviendrait de les accoutumer à y faire

La vue de différents préparatifs qui se faisaient dans nos ports venait de lui faire concevoir un vaste plan. Il prévoyait une rupture prochaine avec l'Angleterre et la Hollande. Il voulait armer des navires pour attaquer le commerce de ces deux nations. Ses amis avaient une telle opinion de son plan qu'ils lui offrirent cinq millions pour cet armement, il voulait y prendre un intérêt d'un dixième. Ayant besoin de l'autorisation du gouvernement, il se rendit auprès des ministres MM. de Maurepas, Orry et de Fleury. Il leur dit que son intention était de se transporter dans l'Inde avec une escadre, afin d'attaquer aussitôt après la déclaration de guerre, les navires de la Compagnie anglaise, et de ruiner ainsi son commerce au profit du nôtre. " Voici mon plan, leur dit-il, j'armerai en guerre six vaisseaux et deux frégates et je partirai pour l'Inde. Si la guerre se déclare j'irai en course et dans les premiers moments je suis en état de ruiner le commerce des Anglais et même d'entreprendre sur leurs colonies. Je remettrai à la Compagnie par lettres de

de temps en temps quelques voyages dans l'espérance que voyant par eux-mêmes avec combien de succès plusieurs Européens y travaillent à leur établissement, et quelques-uns d'eux venant à y demander de leur propre mouvement des concessions, les autres compatriotes pussent à leur exemple prendre le même parti sans y paraître aucunement forcés,— Il a été délibéré de commander un détachement de douze jeunes créoles pour passer à l'isle de France sur l'*Athalante* sous prétexte de les y faire rester trois ou quatre mois pour y travailler utilement à la destruction des noirs marrons, pour être le dit détachement au bout du dit temps relevé par un autre de même nombre et ainsi continuer jusqu'à ce que plusieurs d'eux se soient déterminés à y faire leur établissement ou que par leur refus constant l'inutilité de cette tentative soit bien avérée, les dits Créoles à la ration et à quinze livres par mois.

Fait et délibéré à Saint Paul en la chambre du Conseil le six Septembre mil sept cent trente six.—(S) Mahé de La Bourdonnais, Lemery Dumont, Dusars de la Salle, Villarmoy, J. Brenier, D'Héguerty, L. Morel.—Par le Conseil : G. Dejean."

A l'arrivée de La Bourdonnais, il n'y avait à l'île de France que 835 habitants noirs ou blancs ; quatre ans après la population avait plus que triplé, elle s'élevait à 2,991 personnes.

change tous les fonds dont je m'emparerai ; par là elle se trouvera dispensée de faire sortir l'argent du royaume. A l'égard des marchandises que je prendrai sur l'ennemi, j'en chargerai mes vaisseaux, et, pour ne point blesser les intérêts de la Compagnie, je transporterai mes cargaisons aux mers du Sud. Après la vente je reviendrai par la Chine où j'échangerai mon argent. Je passerai par les îles de France et de Bourbon. Là je remettrai à la Compagnie tous les fonds qu'elle voudra et j'apporterai le reste en France. Si la guerre ne se déclare pas lorsque je serai dans l'Inde, je chargerai ce frêt pour la Compagnie, ainsi quels que soient les évènements, mon armement, ne fera aucun tort à son privilége, mais il est évident que si la guerre se déclare, je ferai le plus grand coup qu'on ait jamais fait sur mer." (Sacy v. 2, p. 168).

Ce projet attentivement examiné et discuté par les ministres fut approuvé par eux ; mais il lui donnèrent l'ordre d'exécuter pour la Compagnie ce plan qu'il avait formé pour lui-même ; du reste on l'assurait que le roi aurait soin de lui et de sa fortune. Le gouvernement devait fournir deux frégates et la Compagnie quatre ou six vaisseaux, sans toutefois qu'elle fût informée de leur destination, et cela par ordre formel et plusieurs fois répété du ministre. Mais, comme le pressentait La Bourdonnais, ce mystère qu'on faisait à la société devait plus tard irriter les esprits déjà animés contre lui. Enfin il partit de Lorient le 5 avril 1741. Les deux bâtiments de l'état ayant reçu une autre destination, il n'avait sous ses ordres que cinq vaisseaux de la Compagnie et le *Mars*, vaisseau du roi, mais tous si mal équipés que les trois quarts des matelots n'avaient jamais navigué, et que presque tous les soldats ignoraient même le maniement des armes. Il les instruisit en route le mieux qu'il pût et arriva à l'Ile de France le 14 août, après une relâche de 22 jours sur les côtes du Brésil. L'île mise par lui sur un bon pied de défense, il fit voile pour Pondichéry qu'on lui disait assiégé par les Marattes ; mais quand il arriva la ville était tranquille. D'après l'avis de M. Benoît Dumas qui en était alors gouverneur (1) et qui fut bientôt après remplacé par Dupleix, il se dirigea sur Mahé, comptoir français assiégé depuis 18 mois par les Naïres, commandés par leur prince Bayanor. Il fait débarquer 800 hommes, se met à leur tête, marche aux ennemis, les charge et après un combat de cinq heures, dans lequel les Naïres perdent 500 hommes, il les chasse de leurs retranchements et leur prend quatre fortins et huit pièces de canon. C'est à cette occasion qu'il reçut du cardinal de Fleury une lettre qui le complimentait dans les termes les plus flatteurs. En même temps, son Eminence donnait l'ordre de lui expédier des lettres de noblesse, mais l'envoi n'eut pas lieu, parce qu'on apprit qu'il était né gentilhomme, ce à quoi il n'avait jamais songé, comme il le dit lui même. Ces faveurs n'étaient pas faites pour assoupir l'envie, et l'intrigue travailla d'une manière si fructueuse qu'au moment où La Bourdonnais, avec son escadre, aurait pu rendre les plus éminents services, au moment où la guerre allait être déclarée, il reçut de la Compagnie l'ordre formel de désarmer et de renvoyer sans délai tous les vaisseaux. Il faut bien le dire, c'était un ordre stupide, s'il en fut jamais, un ordre qui fut cause

____

(1) Avant d'être nommé au gouvernement de Pondichéry, Benoît Dumas était directeur général des Iles de Bourbon et de France, de 1727 à 1734, il fut remplacé par La Bourdonnais.

des plus grands malheurs. Peu après on s'en repentit, mais il était trop tard, la faute était irréparable. La Bourdonnais au désespoir voulait retourner en France ; le ministre s'y opposa en lui disant qu'il avait même en lui une telle confiance qu'il lui destinait le premier poste dans l'Inde, *s'il arrivait quelque chose à Dupleix*. Il fallut donc obéir, et il reprit ses travaux pour l'amélioration de sa colonie. Enfin le 1er Septembre 1744, il apprit la déclaration de guerre entre la France et l'Angleterre. A ce sujet la Compagnie lui permettait de se défendre, s'il était attaqué (permettait est joli) et l'autorisait même à garder un ou deux vaisseaux pour faire la course. (Un ou deux vaisseaux pour tenir tête aux Anglais !).

Il faut bien vite expliquer cette tranquillité de la Compagnie française ; elle fait honneur à sa loyauté, mais elle n'en fait guère à sa pénétration, à sa clairvoyance. Elle s'obstinait à croire avec Dupleix, alors gouverneur de Pondichéry (Barchou v. 1, p. XII), contre l'opinion de La Bourdonnais, que les Anglais respecteraient une ancienne convention de neutralité faite entre les deux Compagnies, pour les vaisseaux naviguant dans la mer des Indes, neutralité qui devait subsister quand même les deux nations seraient en guerre. La Bourdonnais leur avait dit que cette neutralité était imaginaire, puisqu'elle avait été conclue sans l'aveu des souverains, que déjà plusieurs fois les Anglais n'en avaient tenu aucun compte etc., etc. Mais les meilleurs raisonnements du monde sont perdus quand on parle à des hommes dépourvus de jugement.

La guerre venait donc d'être déclarée, et nos navires eurent l'occasion de pouvoir prendre plusieurs des vaisseaux de la compagnie anglaise ; mais, en vertu de la convention de neutralité, ils les respectèrent. Les Anglais moins scrupuleux, s'emparèrent, eux, de tous les navires à nous qu'ils rencontrèrent. Et à mesure que le commodore Barnett en prenait quelques-uns il disait aux Français :— " Messieurs nous exécutons contre vous ce que M. de La Bourdonnais avait projeté contre nous."

Barnett commandait 2 vaisseaux de 60 canons, 1 vaisseau de 50, 1 frégate de 20. L'année suivante, cette escadre fut renforcée de 2 vaisseaux de 50 et de 1 frégate de 20.

Alors on revint à celui dont on n'avait pas voulu écouter les avis. Le conseil de Pondichéry réclama son secours. La garnison ne se montait qu'à 450 hommes, et les fortifications n'étaient pas achevées. Que pouvait-il faire ? L'économie des Directeurs avait été si bien entendue, que sa colonie manquait de tout. La sécheresse et les sauterelles avaient causé la disette. Le *Saint Géran*, capitaine Delamare, qui apportait des provisions venait, le 18 août 1744, de faire naufrage sur l'île d'Ambre (les détails de ce sinistre dans la *France Maritime*, l. 2, p. 209, montrent ce que la riche imagination d'un poète peut répandre d'intérêt sur un évènement aussi plat que celui dont il s'agit). (1) Un autre navire chargé d'aller cher-

(1) Cet évènement non-seulement priva la colonie des secours dont elle avait le plus besoin mais il " avait, dit Mahé de La Bourdonnais, dans ses *Mémoires*, tellement effrayé les habitants de Bourbon que ceux qui auparavant étaient les plus empressés à demander de l'emploi sur les vaisseaux armés en guerre, ne voulaient plus s'exposer à la mer."

Le *Saint Géran* était commandé par le capitaine Delamare qui avait pour officiers MM. Mallet, premier lieutenant ; Peramont, second lieutenant ; Longchamps de Montandre, premier enseigne ; L'Air, deuxième enseigne et écrivain, et le Chevalier Boëtte, enseigne surnuméraire. A

cher du riz, était revenu sans avoir rempli sa mission. Il fallut mettre tout le monde à la ration ce qui fit murmurer encore contre La Bourdonnais, comme s'il était cause du fléau et des accidents.

Néanmoins en mai 1745, il était parvenu à armer et à approvisionner 5 petits bâtiments et le 1er février 1746 seulement, c'est-à-dire après neuf mois d'une insupportable attente, il fut rallié par les 5 vaisseaux que le ministre lui avait annoncés, mais un seul était armé en guerre, les autres étaient de mauvais voiliers hors d'état de porter une batterie d'en bas. La Bourdonnais venait en même temps de recevoir des ordres du roi pour commander tous les vaisseaux de la Compagnie et pour accompagner à leur destination les fonds que ces navires avaient apportés pour Pondichéry (200,000 marcs de piastre).

Il s'occupa donc de compléter l'armement, mais il manquait d'ouvriers de marine, une épidemie les lui avait

l'exception de neuf personnes qui réussirent à se sauver, tout le reste fut englouti, y compris une somme de 200,000 livres en monnaies.

On trouve au Bureau des Archives de la colonie le dossier de l'enquête faite sur les causes de ce naufrage.

Voici le seul passage que l'on trouve au sujet de la présence de deux jeunes filles à bord : " L'an 1744, le 24 août, à 8 heures du matin, ont comparu au greffe, les nommés Jean Janvrin, pilotin, de St. Malo, et Pierre Vergey, adjudant canonnier, de Lorient, tous deux réchappés du naufrage du *Saint Géran*, lesquels ont déclaré ce qui suit :... " Melle Mallet était sur le gaillard d'arrière avec M. de Péramont qui ne l'abandonnait pas. Melle Caillou était sur le gaillard d'avant avec MM. Villarmois, Gresle, Guinée, et Longchamps de Montandre qui descendit le long du bord pour se jeter à la mer et remonta presqu'aussitôt pour déterminer Melle Caillou à se sauver."

Bernardin de St Pierre, qui est la seule personne, comme le dit M. Elie Pajot, (*Simples renseignements sur l'île Bourbon*,) à laquelle le naufrage du *Saint Géran* ait profité, est arrivé à l'île de France en qualité d'ingénieur le 14 juillet 1768, c'est-à-dire 24 ans après la catastrophe. S'il avait pu se douter de l'immense succès que son ouvrage de quelques pages devait obtenir, de l'interêt et du charme infini que l'on trouverait à vérifier chaque détail, il est certain qu'il aurait mis plus de soin à recueillir ses notes et qu'il aurait évité les erreurs de dates et de noms que l'on rencontre dans son récit du naufrage.

enlevés en partie. Il est alors forcé de se mettre à la tête de tous les ateliers. Il change des menuisiers, des serruriers, des tailleurs en charpentiers, en forgerons, cloutiers et en voiliers. Il travaille avec eux, les encourage, les presse, les stimule, employant tour à tour la douceur et la sévérité. Il habille les équipages, leur montre la manœuvre, le maniement des armes, les fait tirer au blanc, leur apprend à se servir d'une machine de son invention pour jeter des grapins d'abordage à trente toises avec des mortiers. Il fallait qu'il fît tout par lui même et qu'il fût partout en même temps, car il n'était nullement secondé par les officiers. Il voulait raisonner avec eux sur les signaux et les évolutions navales : quelques uns se portèrent à ses vues, mais la plupart, esprits étroits, se dirent trop vieux pour aller à l'école.

Après des tracas sans fin et des fatigues inouïes de corps et d'esprit, il mit pourtant à la voile, le 24 Mars 1746, laissant le gouvernement par intérim à M. de Saint Martin. Mais à peine arrivé sur les côtes de Madagascar, où il devait s'approvisionner de vivres, une tempête des plus violentes vient, le 4 Avril, battre ses navires, briser les mâts et jeter 8 à 9 pieds d'eau dans les cales. Il vit le moment où toute l'escadre allait périr corps et biens.

Loin de se laisser accabler par ce cruel désastre, La Bourdonnais, qui a su gagner l'île Marosse, y attend ses navires dispersés.

Rejoint par eux, il ne songe qu'à réparer les avaries de sa flotte. Mille difficultés se présentent, capables de rebuter les esprits les plus opiniâtres, mais elles semblent redoubler son courage. Il ranime ses marins, tous épuisés de fatigue, battus par des pluies continuelles et décimés par les maladies. Son ardeur se communique aux équipages. Il construit un quai en pierre, bâtit des ateliers assez larges pour qu'il soit possible de travailler aux mâtures, établit des forges, construit une corderie. Ces premiers soins remplis, il s'enfonce presque seul dans les forêts malsaines, pestilentielles, pour y chercher des bois propres aux constructions navales.

Pour amener ce bois jusqu'au rivage il fallait franchir un marais en apparence impraticable et d'une lieue de large ; La Bourdonnais le traverse d'une longue chaussée. Il fallait encore passer plusieurs fois une rivière d'un cours de sept lieues, et n'ayant pas assez d'eau pour faire flotter les arbres, puis au delà, un bras de mer large d'une lieue ; il resserre le lit de la rivière ; il construit des pirogues qui amènent des troncs d'arbres jusqu'aux vaisseaux délabrés, et enfin (Barchou V. I. p. 365) après quarante huit jours de travaux incroyables dans lesquels il déploya toutes les ressources de son imagination et une énergie prodigieuse, il put reprendre la mer. L'escadre ne comptait plus que 9 vaisseaux et 3,342 hommes, en y comprenant 720 noirs et 3 à 400 malades. (1)

Il avait perdu une trentaine de noirs par la désertion, et 95 marins avaient succombé à l'épidémie.

(1) D'après les Lettres du Baron Grant, contemporain des faits qu'il raconte, La Bourdonnais avait aussi employé un corps de volontaires créoles pour son expédition : ils sont sans doute compris dans les 720 noirs. Plusieurs chefs d'escadre et gouverneurs employèrent des créoles après lui et en furent satisfaits. M. de Maudave, Chevalier de St Louis dans sa " Relation d'un voyage aux Indes Orientales," en 1757, (Rev. Hist. et Litt. de l'Ile Maurice, 1 Juin 1894) parle des créoles dans les termes suivants :

" Ces créoles ont pour la plupart une origine guerrière ; ils n'ont

Tous ces retards lui avaient fait manquer les vaisseaux anglais venant de Surate ; mais il apprit que 6 vaisseaux de guerre commandés par le capitaine Peyton, successeur de Barnett, mort au Fort Saint-David, étaient sur la côte de Ceylan. Il se dirigea aussitôt à leur rencontre, et le 6 juillet les deux escadres furent en présence. Les 9 vaisseaux de La Bourdonnais, 1 de 60 canons de 18, 1 de 36, 3 de 34, 1 de 30, 2 de 28, 1 de 26, portant du 10 et du 12, pouvaient lancer à chaque bordée 3,780 livres de fer, les 6 vaisseaux anglais portant tous du 24, en pouvaient lancer 6,864 livres, c'est à dire presque le double, mais il est vrai que leurs équipages étaient moins nombreux ; aussi malgré les efforts de La Bourdonnais pour tenter l'abordage, manœuvrèrent-ils toujours pour ne pas se laisser approcher.

" Il était 4½ heures lorsque le combat commença. Comme il se maintenait à une assez grande distance, le feu de la mousqueterie des Français ne causa aucun dommage aux Anglais ; la grosse artillerie de ceux-ci en produisit, au contraire, de très considérables sur les navires français. Dès le premier moment, trois d'entre eux furent mis hors de combat ; l'un d'eux, le *Neptune*, demeuré seul à l'avant garde, allait être écrasé, les Anglais faisaient force de voiles pour le joindre ; La Bourdonnais les devança et couvrit ce vaisseau en soutenant seul pen-

pas dégénéré, ils n'ont perdu que la férocité et la barbarie de leurs pères, mais ils en ont tous le courage. On ne trouve dans aucune nation tant de vertus réunies et tournées vers la guerre, la valeur la plus haute et la plus épurée, la patience, la sobriété, une fermeté que rien n'abat.
" Nous les avons vus faire la guerre dans les Indes et y supporter les fatigues et les désagréments les plus outrés, sans qu'il leur échappe une seule plainte. Ces créoles joignent à tant de bonnes qualités des mœurs simples et douces. Il est à souhaiter qu'une si bonne race se multiplie et que la Compagnie les traite assez bien désormais pour pouvoir compter sur leurs services."

dant plus d'une demi-heure tout le feu de l'ennemi (Barchou, t. 1. p. 368).

Après trois heures d'un combat acharné, dans lequel nous eûmes 34 tués et environ 300 blessés, l'ennemi nous abandonna le champ de bataille : sa perte était de 35 tués et 400 blessés.

Le lendemain La Bourdonnais, après avoir de son mieux réparé ses avaries, attendit les Anglais, croyant qu'ils voudraient prendre leur revanche ; mais le commodore Peyton avait assemblé un conseil de guerre qui fut d'avis de ne pas hasarder une seconde action ; en conséquence il fit voile pour Trinquemalé, dans l'île de Ceylan. La Bourdonnais ne pouvant le poursuivre, vu la lourdeur de ses bâtiments, alla mouiller à Pondichéry, où il arriva le 9 Juillet, au soir.

Là il vit Dupleix, homme fier, qui ne voulait point d'émule de gloire auprès de lui. L'air de hauteur qu'il affecta avec La Bourdonnais, lors de la première entrevue qu'ils eurent ensemble, fut tel que les officiers de l'escadre en furent choqués. Peut-être une indiscrétion l'avait-elle informé qu'il avait devant lui un succeseur, *dans le cas où il lui arriverait quelque chose ;* et dans les hautes fonctions surtout, on n'aime pas les hommes qui peuvent vous remplacer. Toutefois, La Bourdonnais ferma les yeux sur cet accueil inconvenant, et loin de laisser voir son mécontentement, il s'occupa d'un plan de campagne qu'il avait formé depuis plusieurs années, et le soumit même à l'examen de Dupleix.

Il voulait aller assiéger Madras, la place la plus importante des Anglais dans l'Inde, et qui, à cette époque,

tant dans la ville blanche que dans la ville noire, ne
comptait pas moins de cent mille âmes. Dupleix préten-
dit qu'il fallait auparavant détruire ou chasser l'escadre
ennemie. La Bourdonnais lui demanda alors 60 canons,
afin de mettre son artillerie au niveau de celle des Anglais.
Dupleix avait l'ordre du ministre d'aider La Bourdonnais en tout, cependant il lui refusa sa demande. On a su
depuis qu'il avait des instructions secrètes de la Compagnie, auxquelles sa jalousie contre un rival habile ne l'avait
que trop porté à se conformer.—"Mais, dit le petit fils du
" héros de l'Inde, de quel nom alors qualifier la conduite
" de ces aveugles directeurs qui, pour satisfaire à leurs
" animosités particulières, contrecarrèrent La Bourdon-
" nais, paralysèrent ses entreprises et amenèrent enfin la
" perte de leurs vaisseaux et de leur commerce et la ruine
" prochaine de nos établissements dans l'Inde."

Dupleix refusa donc à La Bourdonnais sa demande
d'artillerie, disant qu'il ne voulait pas se désarmer, parce
que l'ennemi pouvait venir l'attaquer. M. Barchou de
Penhoen (Vol. 1. p. 369) dit que c'est à tort que l'on a
supposé entre ces deux hommes des motifs de basse et
réciproque jalousie : "leur mésintelligence, dit-il, vient de
" la diversité de leurs vues politiques."

Quoi qu'il en soit, La Bourdonnais, moins sans doute
par déférence pour son rival que par dévouement pour
l'état, mit à la voile le 5 Août, bien que malade du
scorbut et tourmenté de la fièvre, ayant à peine les
munitions nécessaires pour soutenir un combat, et l'eau
qu'on lui avait fournie étant si mauvaise qu'elle donna
des flux de sang à ses équipages.

Il s'était dirigé vers Negapatan, comptoir hollandais, et il venait d'en rançonner le gouverneur, lorsqu'on signala l'escadre ennemie ; mais, à la vue de nos vaisseaux, les Anglais virèrent de bord et s'enfuirent à toutes voiles. La Bourdonnais impatient de combattre, oublie l'inégalité des forces, il leur donne chasse, et les poursuit pendant plusieurs jours. Malheureusement il ne put les atteindre et ils parvinrent à se mettre hors de vue.

La Bourdonnais, toujours malade, revint à Pondichéry, où il mouilla, le 23 août. Il proposa de nouveau le siège de Madras à Dupleix ; mais il voulut aussi avoir l'agrément du Conseil de Pondichéry. C'était une démarche à laquelle il n'était pas obligé, puisque d'après ses pouvoirs il était maître d'agir comme bon lui semblerait et sans consulter aucun de ces Messieurs. Ceux-ci piqués de n'avoir pas été informés plus tôt du projet sur Madras, lui répondirent (que ne peut la vanité blessée !) par une sommation d'assiéger la ville ou d'aller battre l'escadre ennemie. On ne pouvait imaginer un procédé plus choquant et plus brutal. La Bourdonnais vit alors à quels hommes il avait affaire ; mais bientôt son indignation fut au comble. On répandit le bruit qu'il avait reçu des Anglais 200,000 pagodes (à 9 fcs. soit 1,800,000 frs) pour ne pas faire le siège. On en vint jusqu'à faire circuler des lettres anonymes qui donnaient les clauses du traité, et qui irritaient de plus en plus les esprits contre lui. Ces calomnies étaient trop absurdes pour pouvoir se soutenir ; aussi tombèrent-elles quand on le vit s'embarquer le 13 Septembre. Mais les machinateurs d'impostures avaient du moins la satisfaction de l'avoir cruellement blessé. Il partit avec neuf vaisseaux et deux galiotes à bombes. Dupleix avait enfin consenti à lui fournir l'artillerie et les munitions dont il avait pu disposer.

Arrivé devant Madras, le 15 Septembre, La Bourdonnais laisse 1,800 hommes à bord, et entreprend le siège de la ville avec seulement 1,100 Européens, 400 cipayes et 400 cafres. Quelques jours après, il leur adjoignit 400 marins. La garnison se composait de 200 Européens et d'un corps considérable de cipayes sous les ordres de M. Morse, gouverneur. Les travaux d'approche se firent avec la plus grande ardeur et bientôt le feu put commencer. Il fut des plus violents, tant des batteries que des vaisseaux, jusqu'au 21, jour où la ville capitula. Ce jour là, elle avait reçu 600 bombes et 1,200 coups de canon.

Le 20, deux députés anglais s'étaient présentés au camp des Français. Dans la conférence qu'ils eurent avec La Bourdonnais, ils lui demandèrent quel prix il exigeait pour se retirer de devant Madras. Il répondit avec indignation :—" Messieurs, je ne vends point l'honneur ; le pavillon du roi flottera sur Madras, où je mourrai au pied de ces murailles ". Les députés répondent qu'ils se défendront jusqu'à la dernière extrémité plutôt que de se rendre à la merci d'un vainqueur dont rien ne leur garantira la modération.

La Bourdonnais les interrompit et dit :—" Messieurs, vous rendez votre ville et tout ce qu'elle renferme, et je vous promets sur mon honneur de vous la rendre moyennant une rançon ; fiez-vous à ma parole. Quant à ce qui concerne l'intérêt, soyez persuadés que vous me trouverez toujours accommodant."— " Mais, reprennent les

Anglais, qu'entendez-vous par être accommodant ? "—
" Ce que j'entends ? dit La Bourdonnais, le voici."—
et prenant un chapeau de l'un d'eux : — " Supposez-
moi que ce chapeau vaille six roupies, vous m'en don-
nerez trois ou quatre et ainsi de toutes choses." Les
députés ne se rendirent pas d'abord, et espéraient par
des contestations donner le temps à la flotte anglaise
d'arriver. Mais La Bourdonnais leur annonça résolument
qu'il fallait accepter les conditions proposées, ou s'exposer à toutes les conséquences d'un assaut général. Les
députés retournèrent à la ville et le feu commença.
Enfin, le lendemain, ils revinrent avec le traité signé par
le gouverneur. (Barchou, l. 1, 372.)

Chose merveilleuse ! ce siège ne nous coûta pas un
seul homme ; on ne compta que cinq blessés.

La Bourdonnais avait des ordres secrets du ministre
qui lui défendaient de garder aucune des conquêtes qu'il
pouvait faire, et il avait communiqué cet ordre à Dupleix.
Il n'y avait donc pas de meilleur parti à tirer de cette
victoire que de mettre la ville à rançon ; c'est ce qu'il fit.
Quel ne fut donc pas son désespoir, lorsqu'il apprit que
Dupleix ne voulait point respecter la capitulation ! Il
prétendait que la ville étant prise, elle devait faire partie
de son gouvernement, et il ne voulait pas qu'on la rendît
aux Anglais, disant l'avoir promise au Nabab d'Arcate.
Mais il est évident qu'il n'avait pas le droit de faire une
semblable promesse. Quoi qu'il en soit, voici la lettre que
le Nabab écrivit à La Bourdonnais :

" Au Grand Commandant français, que Dieu garde
de tout mal et lui donne prospérité !

« Je sais que tu es un grand guerrier, que les villes ne sauraient tenir devant toi, mais ce qui m'a paru plus étonnant, c'est que tu aies abordé sur mes terres sans m'envoyer un homme comme il faut pour me faire part de tes desseins. J'excuse ta conduite, mais à la réception de cette lettre, aussitôt, embarque-toi avec tout ton monde et cesse d'assiéger Madras, sinon je pars avec mon armée royale pour te faire exécuter ce que je te commande. Au surplus je souhaite que tes armes prospèrent et que ton bonheur soit aussi grand que ton nom. »

Voici la réponse de La Bourdonnais :

« Seigneur Nabab Mafouz-Kam.

« Comme la ville de Madras appartient en souveraineté aux Anglais ennemis de ma nation, j'ai cru que, sans blesser aucun pouvoir souverain, il m'était permis de chercher mes ennemis jusque chez eux pour tirer vengeance de tout ce qu'ils nous ont fait depuis cette guerre. Ils ont arrêté sous vos yeux et dans vos terres des Français pour en faire des prisonniers. Ce sont eux qui ont blessé le respect qui vous est dû. Pour moi, quoique je sois marin et que je ne sache pas vos coutumes, depuis que mes soldats sont à terre j'ai conservé avec vos sujets une politesse si attentive que qui que ce soit ne peut s'en plaindre. Il est vrai que j'ai poursuivi vos ennemis et pris leur ville, mais c'est un droit de la guerre, que vous ne pouvez pas trouver mauvais puisque j'ai respecté tout ce qui vous appartient. Quant à l'ordre que vous me donnez de me rembarquer, je n'en reçois que de mon roi. Si cela m'attire votre visite j'aurai soin de vous

recevoir, sans oublier que je suis Français, et sans manquer
au respect avec lequel je suis, etc.

"Mahé de La Bourdonnais."

Sans s'arrêter aux menaces du Nabab, La Bourdonnais continua à régler avec les Anglais le taux de la
rançon de Madras : il fut fixé à 13 millions ½ de livres,
environ, dont une partie était déjà acquittée en nature ;
le reste devait l'être en traites à l'ordre de la Compagnie.
Tout ceci se passa en présence de deux commissaires
nommés par Dupleix, à la demande de La Bourdonnais,
qui avait voulu mettre ainsi sa conduite à l'abri de nouvelles calomnies.

Au milieu de ces discussions, 3 vaisseaux de guerre
français, un de 72 canons et 2 de 40 arrivèrent à Pondichéry avec 1,360 hommes de troupe. La Bourdonnais
éprouvait une vive impatience de s'aller mettre à leur tête
pour faire subir à Calcutta le sort de Madras. D'un autre
côté Dupleix, et le conseil de Pondichéry persistant à ne
pas vouloir accepter le traité de rançon, La Bourdonnais
se détermina à demeurer à Madras pour en surveiller
l'exécution. (1)

(1) A propos des contestations qui s'élevèrent entre Dupleix et La
Bourdonnais sur la rançon de Madras, il est intéressant de donner ici
l'arrêté que La Bourdonnais adressa aux officiers des troupes tant de mer
que de terre qui avaient fait le siège de Madras ainsi que la réponse de la
plupart de ces officiers, empruntés aux *Mémoires de La Bourdonnais ;* les
familles de plusieurs d'entre eux existent dans les deux îles :

" Messieurs,

" Vous venez d'entendre les protestations du Conseil Supérieur de
Pondichéry, et la proposition qu'il me fait de manquer à la parole que j'ai
donnée à messieurs les Anglais. C'est pourquoi j'ai l'honneur de vous
faire assembler, pour savoir de vous, messieurs, si, ayant accordé une

Cela sauva d'une ruine assurée les établissements du Bengale, car l'amiral français était éminemment supérieur aux Anglais, en troupes, en vaisseaux, surtout en habileté personnelle.

Cet empêchement à son départ pour Calcutta eut une conséquence doublement fatale ; elle sauva les Anglais et perdit notre escadre. Dans la nuit du 13 au 14 Octobre 1746, un ouragan terrible éclata et dispersa les vaisseaux ; de 25 bâtiments de nations diverses et qui se trouvaient sur la côte, 20 périrent. Les forces navales de la France reçurent un coup dont elles ne devaient pas se relever de longtemps dans ces parages. Obligé de renoncer à ses grands projets sur les établissements anglais, La Bourdonnais ne dut plus songer qu'à regagner l'île de France. —(Barchou, 1. 1. p. 377).

Après le départ du vainqueur de Madras, Dupleix ainsi qu'il l'avait annoncé, ne voulut absolument point tenir la capitulation. On en est d'autant plus affligé que lui aussi était un homme de cœur et de génie, comme nous le verrons plus loin. Mais tout ce qu'il fit de grand par la suite n'a jamais pu le laver de cette tâche. Avant le départ de La Bourdonnais, tous les officiers de son escadre

capitulation et arrêté des conditions en conséquence, je suis obligé de tenir ma parole d'honneur, soit que j'ai bien ou mal fait.

" Arrêté au Conseil de guerre tenu à Madras, le 2 Octobre 1746.

" MAHÉ DE LA BOURDONNAIS."

" Nous sommes tous d'avis que M. de La Bourdonnais doit tenir la parole qu'il a donnée à messieurs les Anglais.

" Fait en la Chambre du Conseil de guerre tenu ce jour, 2 Octobre 1746—*Sicre de Fonbrune, Vitard de Passi, Rostaing, de Bouloc, de Launay, Sabadine, Vignol, Francey, Giblot du Cray, Gast, de Bailleul, Sicre, Gallard, Foubert, Astruc, le Prévot de la Touche, Dancy, Barrat, La Gourgue, de Bouloc, Paignan, Gargas, Sanson, du Marchais, Ligeac de Ruizeau, Monteléon, Very Saint Romain, Goupille, Thérexin.*

protestèrent contre une si déloyale conduite. Les scènes les plus violentes eurent lieu à l'hotel du gouvernement. La Bourdonnais y reçut la visite de deux officiers envoyés par Dupleix pour lui signifier les arrêts et s'assurer de sa personne ; mais aux premiers mots qu'ils en laissèrent échapper, La Bourdonnais élevant la voix, leur dit : " C'est moi, messieurs, qui vous arrête ; donnez-moi vos épées, et prenez pour prison la maison du Gouvernement."

Dupleix, exaspéré de voir l'armée rester fidèle à son rival, ne mit plus de bornes à l'expression de sa haine, et, secondé par le Conseil Supérieur de Pondichéry, il réussit à satisfaire sa vengeance en perdant un homme dont la gloire l'avait offusqué.

La Bourdonnais, de retour à l'Ile de France, en Décembre, vit son poste occupé par M. David, chargé par la Compagnie d'examiner sa conduite. (1)

Heureusement, ce M. David était un homme droit, incapable de se laisser influencer par la cabale.

Le résultat de ses recherches prouva qu'il n'y avait pas le moindre reproche à faire à La Bourdonnais,

(1) Dans la commission adressée, le 10 Mars 1746, par le chancelier d'Aguesseau au conseil supérieur de l'île de France, au sujet de la prestation de serment de M. David, il est dit que ce dernier est nommé en remplacement de M. de La Bourdonnais qui a demandé la " *permission de se démettre de son gouvernement.*"

M. Orry avait déjà écrit à La Bourdonnais au mois de Janvier 1745 :—" Si à votre retour de cette expédition, vous jugez que votre présence ne soit pas nécessaire aux îles, je vous autorise à vous embarquer sur les vaisseaux qui feront leur retour en France au commencement de 1747, comme vous paraissez le souhaiter ardemment."

Dans une autre lettre datée du mois de Mai de la même année, M. Orry lui écrivait :—" Ne précipitez point votre retour jusqu'à ce que vous ayez mis les choses en état de ne point souffrir de votre absence. Je n'entends cependant point par là vous gêner, sentant bien que vous avez rempli et au-delà les engagements que vous avez pris dans le temps de votre départ."

et il lui remit l'ordre du roi qui lui donnait commission de conduire six vaisseaux en Amérique. Ces bâtiments avaient des équipages incomplets ; il fallait traverser plusieurs escadres ennemies, et La Bourdonnais emmenait avec lui sa femme et ses quatre enfants. (Il s'était remarié avec une demoiselle Charlotte Elisabeth de Combaut D'Auteuil) (1) ; mais aux noms sacrés d'honneur et de patrie, il ne balança pas à se charger de cette périlleuse mission. (Monet, p. 116.)

Parvenu à la hauteur du Cap de Bonne-Espérance, la petite escadre fut assaillie par une tempête qui dispersa les six vaisseaux. Trois seulement vinrent rejoindre le commandant à la côte d'Angola, où il avait ordre de relâcher. Là il prit le parti d'envoyer sa femme et ses enfants en Europe sur un bâtiment portugais ; et il conduisit ensuite sa faible escorte à la Martinique, conformément aux instructions qu'il avait reçues. (Monet, p. 116.)

Il y arriva en Septembre 1747, sur l'*Achille*, de 70 canons et 400 hommes d'équipage. Il fit part au gouverneur, M. de Caylus, d'un projet qu'il avait formé, et qui promettait un résultat extrêmement avantageux pour l'état ; mais il fallait qu'il le communiquât lui-même au ministre. Il alla donc à l'île de St. Eustache chercher un navire sur lequel il pût s'embarquer. Malheureusement, il fut obligé d'attendre pendant quarante-six jours une occasion, car la veille de son arrivée un ouragan avait fait périr quarante huit navires. Enfin le 15 Novembre il partit avec un passeport hollandais.

(1) La sœur du vaillant général d'Auteuil qui aida puissamment Dupleix dans l'Inde et que Dupleix estimait particulièrement. D'Auteuil tait à la fois beau-frère de La Bourdonnais et de madame Dupleix.

Il faisait voile pour Flessingue sous un nom supposé,
lorsque le petit navire qu'il montait, ayant relaché à
Falmouth, il fut reconnu le 2 janvier 1748 et conduit
à Londres prisonnier de guerre. Mais il faut ici rendre
justice aux Anglais ; leurs procédés à son égard leur font
le plus grand honneur. Il eut la ville de Londres pour
prison. Il fut présenté au roi et à la famille royale ; les
ministres, les grands seigneurs et les citoyens de toutes les
classes lui prouvèrent leur estime sincère et la plus haute
admiration. " Le prince de Galles se fit remarquer
entre tous par les marques de considération dont il se
plaisait à entourer l'illustre prisonnier. L'ayant présenté
à la princesse, sa femme, ce fut avec ces paroles :
" Madame, je vous amène celui qui nous a fait tant de
mal."—" Ah ! Monseigneur, s'écrie La Bourdonnais, ne
m'annoncez pas ainsi, vous allez me faire regarder avec
horreur."—"Ne craignez rien, lui répondit le prince, on ne
peut qu'estimer un sujet qui sert bien son roi, et fait
comme vous la guerre en ennemi généreux autant que
brave et habile." (Barchou l. I. 392). Cependant, instruit
des calomnies répandues contre lui en France, il demanda
la permission d'aller confondre ses ennemis. Ce fut alors
qu'un des directeurs de la Compagnie Anglaise (pourquoi
ne savons-nous pas le nom de ce noble et digne homme ?)
s'offrit de cautionner La Bourdonnais corps pour corps et
y engagea toute sa fortune. Voilà, oui, voilà les hommes
qui font honneur à une nation ! Le gouvernement anglais,
non moins magnanime, refusa les ordres de son généreux
citoyen, et ne voulut pas d'autre caution que la parole
d'honneur du vainqueur de Madras.

La Bourdonnais devait ces témoignages d'une si

hauté estime à sa noble conduite dans l'Inde. Quand les étrangers estiment un ennemi, dit Voltaire (L. 2 p. 194 2e Col.), il semble qu'ils avertissent ses compatriotes de lui rendre justice.

La Bourdonnais, parti d'Angleterre le 22 février 1748, arriva le Dimanche suivant à Versailles. Là ses ennemis avaient si bien travaillé qu'il fut arrêté en vertu d'un ordre du roi, et conduit à la Bastille, la nuit du 1er au 2 Mars 1748. (M. Orry, son protecteur, disgracié par la Pompadour, n'était plus à la tête des affaires,) on lui enleva ses papiers, on rompit même, fait incroyable ! le cachet de son testament, déposé chez un notaire ! C'est en France, au nom de la justice, qu'un pareil crime s'est commis et est resté impuni ! (1) La Bourdonnais fut tenu au secret pendant vingt-huit mois, sans qu'il pût voir sa femme ni ses enfants. C'est pendant ce temps, dit son petit-fils, que son esprit inventif trouva les moyens de tracer sa justification. Il composa ce mémoire où toutes les actions de sa vie sont exposées avec la franchise d'un marin. Il y joignit une carte, afin de donner à ses juges une idée juste de la localité de son gouvernement, de celle de Pondichéry et de l'indépendance réciproque de ces deux gouvernements. (Cette carte est aujourd'hui exposée dans une des salles de la Bibliothèque royale. Elle a été offerte à cet établissement par le petit-fils de notre héros, Mr. Louis Charles de La Bourdonnais, mort le 13 Décembre 1840).

(1) A l'Ile de France, ses biens ainsi que ceux de son frère Mahé de la Villebague furent saisis et mis sous la garde de M. Le Juge que la cour avait nommé comme séquestre. La main-levée du séquestre eut lieu le 1er février 1752, en vertu d'un ordre du roi en date du 2 mars 1751.

Des mouchoirs gommés avec de l'eau de riz servirent de papier à La Bourdonnais, sou encre fut composée avec de la suie et du marc de café, et la couleur verte avec des liards vert-de-grisés ; un sou marqué, recourbé et assujetti sur un morceau de bois, devint une plume entre ses mains ; le reste fut l'ouvrage de ses souvenirs.

" Sur quatre cents témoins entendus, dix seulement déposèrent contre La Bourdonnais. Et quels étaient ces témoins ? un neveu et un gendre de Dupleix ! c'est à dire deux proches parents du dénonciateur, du plus cruel ennemi de l'accusé, d'un homme placé dans l'alternative de se perdre lui-même s'il ne perdait son rival. Pour appuyer ces témoignages, tirés du sein de sa famille, Dupleix fit paraître quelques employés de la Compagnie, quelques soldats, dont un fut tiré de Bicêtre, l'autre envoyé à la Bastille comme faux témoin...." (Mémoires p. 226). Un malabar nommé Nama, banquier de La Bourdonnais, avait été jeté dans un cachot pour n'avoir pas déposé contre lui (Volt. 1. 2 p. 195).

Tous les témoins furent convaincus d'imposture, et La Bourdonnais fut acquitté aux applaudissements de tous les honnêtes gens, indignés de la conduite scandaleuse de ses ennemis. Mr. Bertin, l'un des juges, depuis ministre d'état, fut principalement celui dont l'équité lui sauva la vie (Volt. 1. 2 p. 194). Mais sa fortune avait été dilapidée, sa santé ruinée, et deux ans après avoir recouvré la liberté, il mourut le 9 septembre 1753 dans la 54e année de son âge. (1)

(1) Les historiens qui ont parlé de La Bourdonnais ne sont pas tous d'accord sur la date de sa mort. Le 9 Septembre 1753 est la date que donne le petit-fils de La Bourdonnais dans les *Mémoires.*

La France, dit M. Barchou de Penhoën, n'a pas produit d'homme plus étonnant que La Bourdonnais.

Plus tard, le gouvernement de Louis XV accorda une pension de ce... louis à la veuve de Mahé de La Bourdonnais, *mort,* suivant les expressions du brevet, *sans avoir reçu aucune récompense ni aucun dédommagement pour tant de persécutions et tant de services.*

Sa veuve était réduite alors à vivre dans une chaumière à Boissy-St-Léger. Le tuteur des enfants a avoué en prison leur avoir volé plus de 700,000 livres en contrefaisant la signature de leur mère et celle du caissier de la Compagnie des Indes ; mais on sut qu'il en avait volé plus de 1,200,000.

Madame la marquise de Montlezun, Pardiac d'Armagnac, fille de La Bourdonnais, ayant par suite de nos troubles politiques perdu une partie de sa fortune, les îles de France et de Bourbon, gouvernées alors par des assemblées coloniales qui se composaient des principaux habitants, voulurent s'acquitter avec la fille de la dette sacrée qu'elles avaient contractée envers le père. Voici la lettre du président, et l'arrêté de l'Assemblée Coloniale qui lui furent adressés :

" Le président de l'Assemblée Coloniale à Madame de Montlezun.

" Madame,

" Le nom de La Bourdonnais empreint sur tous les monuments de l'île de France, est encore plus profondément gravé dans le cœur de ses habitants ; tout ce qui vous rappelle sa mémoire a droit à notre reconnaissance.

" Veuillez agréer, avec les hommages de la colonie, la résolution qu'elle a prise aussitôt que votre position lui a été connue ; le seul malheur des temps la force à vous exprimer aussi faiblement l'intérêt et la sensibilité que nous inspire la position de la fille du bienfaiteur de notre colonie.

" Lefèvre."

" Arrêté de l'Assemblée Coloniale de l'île de France. Délibérant sur la pétition de Mme Vve de Montlezun, née fille Mahé de La Bourdonnais, la dite pétition, en date du 12 prairial an 6, et remise à l'Assemblée le 2 fructidor de l'an 7.

" Considérant les services éminents rendus à la patrie par Mahé de La Bourdonnais, et particulièrement à cette colonie, dont il est regardé comme le fondateur et le père,

" Considérant que les colons de l'île de France ne font qu'acquitter une dette sacrée en donnant à la fille de Mahé de La Bourdonnais un témoignage public de la reconnaissance et de la vénération qu'ils ont pour son nom,

A l'unanimité a arrêté et arrête ce qui suit : à compter du 12 prairial an 6, Madame de Montlezun née fille Mahé de La Bourdonnais jouira d'une pension annuelle de 3,000 livres argent de France que la colonie lui fera passer par les voies les plus sûres.

" Signé : Lefèvre, président.

" Pour l'assemblée coloniale

" Saulnier, secrétaire."

L'ile de Bourbon a suivi l'exemple de l'Ile de France.

Le 28 Août 1772, le comte d'Estaing (1) qui avait reçu de Madame de Montlezun les mémoires et le portrait de La Bourdonnais, lui écrivait :—

"... J'ai, Madame, toujours admiré votre père. Il est impossible à tous ceux qui ont parcouru le théâtre de ses travaux et de sa gloire de ne pas penser de même. Les lieux attestaient les faits, et je les ai d'autant plus appréciés que je me serais estimé heureux de le choisir pour modèle. La copie de son portrait me rappellera ses grands talents que les difficultés animaient, sa constance, les ressources qu'il trouvait en lui-même, et qui lui

(1) Charles Henri Théodat comte d'Estaing, dont cette colonie a conservé le souvenir, vint pour la première fois à l'île de France le 17 Décembre 1757 avec l'escadre du Comte d'Aché. Il se rendait dans l'Inde en qualité de brigadier des armées du roi. Fait prisonnier au siège de Madras et échangé après le siège, il séjourna à l'île de France. C'est ici qu'il quitte l'armée de terre pour passer dans la marine. Il se procure des fonds et arme à ses propres frais deux vaisseaux dont les équipages sont en grande partie composés de noirs recrutés à l'île de France. En moins de deux ans, d'Estaing avec ses deux vaisseaux fait perdre à l'ennemi tout ce qu'il possède dans l'île de Sumatra. Pour prouver qu'il n'avait en vue que l'intérêt de la Compagnie des Indes et la gloire de son pays, d'Estaing fit la déclaration suivante qui d'après Magon de Saint Élier, *Tableaux Historiques &c... de l'Ile Maurice*, auquel elle est empruntée, fut déposée aux Archives de l'île de France :

" Le désir de faciliter une expédition dont j'espérais que les suites seraient avantageuses au service du roi et aux intérêts de la Compagnie des Indes m'a engagé d'y placer des fonds sous le titre d'armateur ; mon unique objet en le faisant a été de diminuer la mise dehors de la Compagnie et de rendre cette expédition possible. Des obstacles de tous genres me forçant de me borner au peu que j'ay fait ; prest à faire voile pour l'isle de France, et les fruits que produira cet armement me paraissant à peu près certains, je crois dès aujourd'hui devoir déclarer mes véritables intentions. Né pour répandre avec joye jusqu'à la dernière goutte de mon sang pour la plus petite chose qui paraît intéresser le service du roy, je ne crois pas l'être pour acheter la plus grande fortune pécuniaire par aucun risque personnel ; je ne peux regarder une expédition où je suis, comme une opération où je n'aurais fait que placer des fonds ; je renonce en conséquence totalement et absolument au produit de ces fonds ; je le remets à la Compagnie des Indes et je ne me réserve uniquement que la rentrée de ce que j'ay avancé.

assujettissaient pour ainsi dire les évènements. Je relirai dans le mémoire que vous avez la bonté de m'envoyer, les détails instructifs de ses actions. Elles me laisseront cette empreinte si douloureuse d'effroi que causent toujours les malheurs des grands hommes, etc."

Raynal, tout en faisant l'éloge de La Bourdonnais a cependant paru croire qu'il méritait le reproche que les ennemis de ce grand homme lui avaient adressé, celui d'aimer l'argent. A ce sujet voici ce que dit M. D'Unienville : (1)—" La Bourdonnais possédant un esprit de calcul qui en avait nécessairement dû faire un excellent commerçant, avait profité des occasions d'arriver à une fortune

" Les lettres de change que j'avais apportées d'Europe sur M. le Gouverneur de Pondichéry et les appointements qui m'ont été accordés par le roy n'ayant pu m'être payés, j'ay été contraint, en partant de la côte Coromandel, de laisser entre les mains de M. de Legrit cinquante et un mille roupies qui me sont dues. La plus grande partie des fonds que j'ay remis à l'île de France n'a pu être rassemblée que par la confiance qu'on a eue en moy et par des emprunts que j'ay faits. Leur remboursement sera exigé à l'instant que j'arriveray en France. Si la Compagnie ne me payait pas, la demande juridique et inévitable d'un remboursement aussi juste entraînerait par ses suites la perte totale du peu de biens que j'ai. Persuadé que la Compagnie des Indes ne me confondra pas avec les autres, un avenir aussi effrayant ne peut diminuer le plaisir, avec lequel je fais une cession qui dépouille de toute ombre d'intérêt une expédition où j'ai été assez heureux, en servant le roy, pour prouver le désir extrême que j'ai d'être utile à la Compagnie.

" Fait double, pour qu'un des originaux reste déposé entre les mains de l'écrivain du vaisseau le " Condé," afin que s'il m'arrive quelque accident, il soit remis au premier Conse'l Supérieur de la Compagnie.

" Au fort de Malborough, ce sept Mars mil sept cent soixante et un, jour que j'en ai fait sauter les dernières fortifications.

" ESTAING. "

En parlant de sa campagne maritime dans l'Inde, d'Estaing écrivait en 1792 :—" M. de Choiseul sait que 400 noirs, esclaves de l'île de France, ont par leur courage et leur fidélité rendu possible cette expédition. "

Le nom de d'Estaing a été donné à la rue qui longe la façade du Champ-de-Mars, à Port Louis, de la rue La Corderie au Champ-de-Mars Row.

(1) Ouvrage cité.

assez brillante (1) ; mais les preuves les plus irrécusables de l'honorable emploi qu'il fit de ses richesses existent aux archives de la colonie qu'il a créée. Encourager l'industrie, secourir l'infortune, exciter l'émulation, relever ou soutenir des familles par les sommes qu'il reconnaissait leur être nécessaires et qu'il prêtait à de plus ou moins longs termes, telle était la conduite de cet homme estimable. "

On peut ajouter que les demoiselles pauvres, mais dont il connaisait la conduite irréprochable, étaient par lui mariées et généreusement dotées, entre autres Melle. Delaval qui épousa M. Giblot (2) et qui eut 10,000 livres ; et Melle. Grimaud qui épousa M. Boucher, et qui reçut de La Bourdonnais deux habitatious, dix noirs et quarante quatres pièces de bétail.

Un jour, un des directeurs de la Compagnie ayant demandé avec aigreur à La Bourdonnais comment il avait si bien fait ses affaires et si mal celles de la Compagnie :— " C'est répondit-il, parce que j'ai fait mes affaires selon mes lumières et celles de la Compagnie d'après vos instructions."

(1) Parlant des succès des ses entreprises commerciales dans l'Inde avant sa nomination à la place de gouverneur des deux îles, La Bourdonnais dit dansses mémoires : " *Il ne me resta rien à désirer du côté de la fortune. J'étais alors le premier Français qui eut fait des armemens particuliers dans ces mers ; mon exemple depuis a été suivi et a enrichi beaucoup de monde.* "

(2) Sans garantir que c'est d'une de ces dots dont il est question, nous donnons le reçu suivant signé de La Bourdonnais que l'Honorable M. P. D'Epinay avait en sa possession et qu'il communiqua au président du meeting qui fut tenu en Janvier 1853 dans le but d'ériger un monument à La Bourdonnais.

" M. Giblot, conseiller garde-magasin-général, créditera mon compte de la somme de huit mille livres par an de mes appointements à compter du premier Avril 1741 jusqu'au premier Avril 1742, laquelle somme sera allouée et passée en ses comptes en rapportant le présent ordre qui lui servira de décharge.—Au Port Louis de l'Ile de France, ce 16 Août 1741.

" (S,) MAHÉ DE LABOURDONNAIS."

Dans nos musées nous voyons des statues élevées à des Grecs, à des Romains, à des personnsges de la fable, et aussi, il est vrai, à quelques-uns de nos hommes célèbres ; mais on n'y voit point la statue de La Bourdonnais.

C'est là une admirable prudence de nos ordonnateurs, car la statue de ce grand homme rappellerait son histoire et pourrait refroidir bien des dévouements.

Toutes les âmes ne sont pas assez généreuses pour acheter au prix d'une persécution si cruelle l'admiration de la postérité.

Mahé de la Villebague, frère de Mahé de La Bourdonnais, et qui avait servi sous lui comme capitaine de vaisseau de *La Princesse Marie*, après avoir éprouvé mille mauvais traitements de Dupleix, fut enfin renvoyé en France comme prisonnier d'état ; mais il mourut dans la traversée, sans avoir pu revoir ni son frère ni sa patrie (1) (Mémoires, p. 367.)

---

(1) Jacques César Mahé de la Villebague s'occupa pendant long-temps de commerce dans l'Inde. En 1746 il forma partie de l'expédition de Mahé de La Bourdonnais et se trouva au siège de Madras. Après le départ de son frère, il resta à Madras et y cumula les fonctions de conseiller au Conseil Provincial, capitaine du vaisseau la *Princesse Marie* et " commissaire pour soutenir les conditions de la capitulation et défendre les intérêts de l'île de France dans le partage des armes et de l'artillerie." Il séjourna à l'île de France en 1747. Accusé de complicité, avec l'officier de marine G. Desjardins, dans les crimes que l'on imputait à Mahé de La Bourdonnais, il fut arrêté en 1748 par ordre du roi et confié à de Lozier Bouvet, capitaine du vaisseau *Le Lys* pour être livré au gouverneur de Pondichéry. Le 30 Avril 1749, Mahé de La Villebague se trouvait dans la rade de Port Louis comme *passager* à bord du vaisseau *l'Auguste*, capitaine St. Médard ; le greffier du conseil Supérieur en vertu d'un ordre du gouverneur David se rendit sur *l'Auguste* pour remettre à Mahé de la Villebague certains effets qui lui appartenaient et restés à bord lors de son envoi à Pondichéry. C'est probablement dans la traversée de l'île de France en Europe qu'il mourut.

Photographie C. DRENNING.

Reproduction d'une Gravure offerte par M. T. SAUZIER a la Municipalité de Port-Louis

IV

MAHÉ DE LA BOURDONNAIS

D'APRÈS

QUELQUES ÉCRIVAINS

IV

Mahé de La Bourdonnais d'après quelques écrivains

Pendant que les Anglais portaient leurs armes victorieuses sur tant de mers, et que tout le globe était le théâtre de la guerre, ils en ressentirent enfin les effets dans leur colonie de Madras. Un homme à la fois négociant et guerrier, nommé Mahé de La Bourdonnais, vengea l'honneur du pavillon français au fond de l'Asie...

Mahé de La Bourdonnais était, comme les Duquesne, les Bart, les Dugai-Trouin, capable de faire beaucoup avec peu, et aussi intelligent dans le commerce qu'habile dans la marine. Il était gouverneur des Iles de Bourbon et de Maurice, nommé à ces emplois par le roi, et gérant au nom de la Compagnie.

Ces îles étaient devenues florissantes sous son administration. Il sort enfin de l'île Bourbon avec neuf vaisseaux armés par lui en guerre, chargés d'environ 2,800 blancs et de 800 noirs qu'il a disciplinés lui-même et dont il a fait de bons canonniers......

VOLTAIRE.

(Précis du Siècle de Louis XV Chap. XXIX.)

Des hommes entreprenants, qui auraient langui inconnus dans leur patrie, se placent et s'élèvent d'eux mêmes dans ces pays lointains, où l'industrie est rare et nécessaire. Un de ces génies audacieux fut Mahé de La Bourdonnais, natif de Saint Malo, le Dugai-Trouin de son temps, supérieur à Dugai-Trouin par l'intelligence, et égal en courage. Il avait été utile à la Compagnie des Indes dans plus d'un voyage et encore plus à lui-même. Un des directeurs lui demandant comment il avait bien mieux fait ses affaires que celles de sa Compagnie : " C'est, " répondit-il, parce que j'ai suivi vos instructions dans " tout ce qui vous regarde, et que je n'ai écouté que les " miennes dans mes intérêts. "

Ayant été fait gouverneur de l'île Bourbon par le roi, avec un plein pouvoir, quoique au nom de la Compagnie, il arma des vaisseaux à ses frais, forma des matelots, leva des soldats, les disciplina, fit un commerce avantageux à main armée ; il créa en un mot l'île de Bourbon. (1) Il fit plus, il dispersa une escadre anglaise dans la mer de l'Inde ; ce qui n'était jamais arrivé qu'à lui et ce qu'on n'a pas revu depuis. Enfin il assiégea Madras, et força cette ville importante à capituler.

Les ordres précis du ministre français étaient de ne garder aucune conquête en terre ferme : il obéit. Il permit aux vaincus de racheter leur ville pour environ neuf millions de francs et servit ainsi le roi son maître et la Compagnie. Rien ne fut jamais dans ces contrées ni plus utile ni plus glorieux. On doit ajouter, pour l'honneur de La Bourdonnais, que dans cette expédition il se conduisit

(1) Il est évident que c'est de l'île de France dont Voltaire voulait parler, car l'île Bourbon était créée depuis déjà longtemps.

avec une politesse, une douceur, une magnanimité **dont**
les Anglais firent l'éloge. Ils estimèrent et ils aimèrent
leur vainqueur. Nous ne parlons que d'après les Anglais
revenus de Madras, qui n'avaient nul intérêt de nous
déguiser la vérité. Quand les étrangers estiment un ennemi,
il semble qu'ils avertissent ses compatriotes de lui rendre
justice.

Le gouverneur de Pondichéri, Dupleix, réprouva
cette capitulation ; il osa la faire casser par une délibéra-
tion du Conseil de Pondichéri et garda Madras, malgré la
foi des traités et les lois de toutes les nations. Il accusa
La Bourdonnais d'infidélité ; et le peignit à la cour de
France et aux directeurs de la Compagnie comme un
prévaricateur qui avait exigé une rançon trop faible et
reçu de trop grands présents. Des directeurs, des action-
naires, joignirent leurs plaintes à ces accusations. Les
hommes, en général, ressemblent aux chiens qui hurlent
quand ils entendent de loin d'autres chiens hurler.

Enfin les cris de Pondichéri ayant animé le ministre
de Versailles, le vainqueur de Madras, le seul qui dans
cette guerre ait soutenu l'honneur du pavillon français,
fut enfermé à la Bastille par lettre de cachet. Il languit
dans cette prison pendant trois ans et demi, sans pouvoir
jouir de la consolation de voir sa famille. Au bout de ce
temps, les commissaires du Conseil, qu'on lui donna pour
juges, furent forcés, par l'évidence de la vérité, et par le
respect pour ses grandes actions, de le déclarer innocent.
M. Bertin, l'un de ses juges, depuis ministre d'état, fut
principalement celui dont l'équité lui sauva la vie. Quelques ennemis, que sa fortune, ses exploits, et son mérite,

lui suscitaient encore, voulaient sa mort. Ils furent bientôt
satisfaits, il mourut, au sortir de sa prison, d'une maladie
cruelle que cette prison lui avait causée.

Ce fut la récompense du service mémorable rendu à
sa patrie.

Le gouverneur Dupleix s'excusa dans ses mémoires
sur des ordres secrets du ministère. Mais il n'avait pu
recevoir à six mille lieues des ordres concernant une conquête qu'on venait de faire, et que le ministère de France
n'avait jamais pu prévoir. Si ces ordres funestes avaient
été donnés par prévoyance, ils étaient formellement con-
tradictoires avec ceux que La Bourdonnais avaient apportés. Le ministère aurait eu à se reprocher la perte
de neuf millions dont on priva la France en violant
la capitulation, mais surtout le cruel traitement dont il
paya le génie, la valeur et la magnanimité de La Bourdonnais.

M. Dupleix répara depuis sa faute affreuse et ce
malheur public, en défendant Pondichéry, pendant quarante deux jours de tranchée ouverte contre deux amiraux
anglais soutenus des troupes d'un Nabab du pays...

VOLTAIRE.

(Fragments Historiques sur l'Inde.—
Article III.)

Pour jouir avec une certaine étendue de la com-
modité dont l'Ile de France devait être aux vaisseaux de
la Compagnie, il fallut de toute nécessité fortifier l'île, la
défricher et la peupler. Jamais aucun terrain n'en fut
plus susceptible.

M. de La Bourdonnais nommé au gouvernement de cette île quelque temps après que la Compagnie se fût décidée à la garder, prit cette idée en homme de génie et en citoyen. Il fit des ouvrages immenses en les mesurant sur la petitesse et la rareté de ses moyens. Je crus lire un roman en lisant la première partie de son mémoire. J'avoue même qu'à la première inspection des lieux, je le soupçonnais encore d'exagération ; mais l'exactitude des détails m'a contraint ensuite de rendre justice à la grandeur de ses vues et à la fécondité de ses ressources......

Il voulut que les habitants de son île profitassent de tous les avantages qu'on pouvait retirer de la fertilité du terrain avant de songer à s'adonner au commerce.

Il distribuait des terres, il avançait des vivres et des esclaves. Il apporta du Brésil la plante de manioc qui doit un jour contribuer à la richesse de l'île en assurant la subsistance des noirs ; il eut besoin de vigueur et de fermeté pour contraindre les colons à recevoir ce présent inestimable. La canne à sucre, l'indigo, le coton commençaient à être cultivés dans cette île, mais la plupart de ces établissements ont péri par les vues contraires de ses successeurs. L'état civil ne prit de formes que sous son gouvernement. Il y mit autant d'ordre, il y fit autant de changement que dans l'administration économique. Les lois furent respectées, la licence et les monopoles punis et réprimés. Ses vues s'étendaient sur toutes les parties du gouvernement ; il les avait droites, saines et grandes. Personne ne mérita mieux que lui d'être à la tête d'un établissement ; et, sans les circonstances qui l'en écartèrent, il eut sans doute laissé l'Ile

de France dans un état de splendeur et de force que le
temps eut encore accru...

de MAUDAVE.

Extraits de la " Relation (inédite) d'un voyage
aux Indes Orientales par M. de Maudave,
chevalier de St Louis" (1757).—Revue Histo-
rique et Littéraire de l'Ile Maurice, 1er Juin
1894.

L'Isle de France possède deux excellents ports, où
vont relâcher tous nos vaisseaux, employés en temps de
paix au commerce des Indes et de la Chine, et en temps
de guerre à la défense de nos établissements... Depuis le
célèbre M. de La Bourdonnais qui l'a gouvernée pendant
10 à 12 années et qui doit être regardé comme le fondateur de la colonie, puisqu'il est le premier qui y ait établi
l'agriculture, on a sans cesse erré de projets en projets...
Si l'on avait suivi le plan simple du fondateur, qui était
de s'assurer du pain, l'isle serait aujourd'hui florissante ;
l'abondance y régnerait parmi les colons ; les équipages
des vaisseaux y trouveraient les approvisionnements nécessaires...

PIERRE POIVRE.

Voyage d'un Philosophe,—Paris, 3me édition
An II p. 23.

...D'autres personnes ayant témoigné le désir que je
fisse connaître avec quelques détails la vie de M. de La
Bourdonnais, mes relations avec sa famille m'ont mis à
même de les satisfaire.

" Sa principale vertu était l'humanité. Les monuments qu'il a établis à l'île de France sont garans de cette vérité..."

En effet, j'ai vu dans cette île, où j'ai servi comme ingénieur du roi, non seulement des batteries et des redoutes qu'il avait placées aux lieux les plus convenables, mais des magasins et des hôpitaux très bien distribués. On lui doit surtout un aqueduc de plus de trois quarts de lieue, par lequel il a amené les eaux de la petite rivière jusqu'au Port-Louis, car, avant lui, il n'y en avait pas de potable. Tout ce que j'ai vu dans cette île de plus utile et de mieux exécuté était son ouvrage. Ses talents militaires n'étaient pas moindres que ses vertus et ses talents d'administrateur. Nommé gouverneur des îles de France et de Bourbon, il battit, avec neuf vaisseaux, l'escadre de l'amiral Peyton, qui croisait sur la côte de Coromandel avec des forces très supérieures. Après cette victoire, il fut aussitôt assiéger Madras, n'ayant pour toute armée de débarquement que dix-huit cents hommes, tant blancs que noirs. Après avoir pris cette métropole du commerce des Anglais dans l'Inde, il retourna en France. Des discussions s'étaient élevées entre lui et M. Dupleix, gouverneur de Pondichéry. Aussitôt après son arrivée dans sa patrie, il fut accusé d'avoir tourné à son profit des richesses de sa conquête, et en conséquence il fut mis à la Bastille sans autre examen. On lui opposait comme principal témoin de ce délit, un simple soldat. Cet homme assurait, sur la foi du serment, qu'après la prise de Madras, étant en faction sur un des bastions de cette place, il avait vu, la nuit, des chaloupes embarquer quantités de caisses et de ballots sur le vaisseau de M. de

La Bourdonnais. Cette calomnie était appuyée, à Paris, du crédit d'une foule d'hommes jaloux, qui n'avaient jamais été aux Indes, mais qui, par tout pays, sont toujours prêts à détruire la gloire d'autrui. Le vainqueur infortuné de Madras assurait qu'il était impossible qu'on eût vu, du bastion indiqué par le soldat, cette embarcation, quand même elle avait eu lieu. Mais il fallait le prouver ; et, suivant la tyrannie exercée alors envers les prisonniers d'état, on lui avait ôté tout moyen de défense. Il s'en procura de toute espèce par des procédés fort simples, qui donnèrent une idée des ressources de son génie. Il fit d'abord une lame de canif avec un sou marqué, aiguisé sur le pavé, et en tailla des rameaux de buis, sans doute distribués aux prisonniers aux fêtes de Pâques. Il en fit un compas et une plume. Il suppléa au papier par des mouchoirs blancs, enduits de riz bouilli, puis séchés au soleil. Il fabriqua de l'encre avec de l'eau et de la paille brûlée. Il lui fallait surtout des couleurs pour tracer le plan et la carte des environs de Madras : il composa du jaune avec du café, et du vert avec des liards chargés de vert-de-gris, et bouillis. Je tiens tous ces détails de sa tendre fille, qui conserve encore avec respect ces monuments du génie qui rendit la liberté à son père. Ainsi muni de canif, de compas, de règle, de plume, de papier, d'encre, et de couleurs de son invention, il traça, de ressouvenir, le plan de sa conquête, écrivit un mémoire justificatif, et y démontra évidemment que l'accusateur qu'on lui opposait était un faux témoin, qui n'avait pu voir du bastion où il avait été posté, ni le vaisseau commandant, ni même l'escadre. Il remit secrètement ces moyens de défense à l'homme de loi qui lui servait de

conseil. Celui-ci les porta à ses juges ; ce fut un coup de
lumière pour eux. On le fit donc sortir de la Bastille,
après trois ans de prison. Il languit encore trois ans
après sa sortie, accablé de chagrin de voir toute sa fortune
dissipée, et de n'avoir recueilli de tant de services importants que des calomnies et des persécutions. Il fut
sans doute plus touché de l'ingratitude du gouvernement
que de la jalousie triomphante de ses ennemis. Jamais
ils ne purent abattre sa franchise et son courage, même
dans sa prison. Parmi le grand nombre d'accusateurs
qui y vinrent déposer contre lui, un directeur de la
Compagnie des Indes crut lui faire une objection sans
réponse, en lui demandant comment il avait si bien fait
ses affaires, et si mal celles de la Compagnie. " C'est, lui
" répondit La Bourdonnais, que j'ai toujours fait mes
" affaires d'après mes lumières, et celles de la Compagnie
" d'après ses instructions."

Bernard François Mahé de La Bourdonnais naquit
à Saint Malo en 1699, et est mort en 1754, âgé d'environ cinquante-cinq ans. O vous qui vous occupez du
bonheur des hommes, n'en attendez point de récompense,
pendant votre vie ! La postérité seule peut vous rendre
justice. C'est ce qui est enfin arrivé au vainqueur de
Madras et au fondateur de la colonie de l'île de France.
Joseph Dupleix, son rival de gloire et de fortune dans
l'Inde et le plus cruel de ses persécuteurs, mourut peu de
temps après lui, ayant, par une juste réaction de la Providence, éprouvé une destinée semblable dans les dernières
années de sa vie. Le gouvernement donna à la veuve de
M. de La Bourdonnais une pension de 2400 livres, et
honora de ses regrets la mémoire de cet homme illustre ;

enfin, sa respectable fille me mande aujourd'hui que les habitans de l'île de France viennent, de leur propre mouvement, de lui faire à elle même une pension, en mémoire des services qu'ils ont reçus de son père.

Je crois qu'aucun de mes lecteurs ne trouvera mauvais que je me sois un peu écarté de mon sujet, pour rendre quelque hommage aux vertus d'un grand homme malheureux, à celles de sa digne fille et d'une colonie reconnaissante...

BERNARDIN DE SAINT-PIERRE.

(Œuvres complètes.—Ed. Lefèvre ; Paris, 1836, p. 775).

Tandis que Dumas donnait des richesses et de la considération à la Compagnie, le gouvernement envoya La Bourdonnais à l'isle de France......

Cet homme, depuis si célèbre, était né à Saint Malo. A dix ans il s'était embarqué. Aucune considération n'avait interrompu ses voyages, et dans presque tous il avait fait des choses remarquables......

Dès que La Bourdonnais fut arrivé à l'isle de France, il chercha à la connaître. Son heureuse pénétration, son infatigable activité, abrégèrent le travail. Dans peu, on le vit occupé à inspirer de l'émulation aux premiers colons de l'isle, entièrement découragés par l'abandon où on les avait laissés, à assujettir à un ordre rigoureux les brigands récemment arrivés de la métropole. Il fit cultiver le riz et le bled, pour la nourriture des Européens. Le manioc, qu'il avait porté du Brésil, fut destiné à la subsistance des esclaves. Madagascar

devait lui fournir la viande nécessaire à la consommation
journalière des navigateurs et des habitans, jusqu'à ce
que les troupeaux qu'il en avait tirés, fussent assez multipliés pour remplacer ces secours étrangers. Un poste
qu'il avait placé à la petite isle de Rodrigue, ne le laissait
pas manquer de tortues pour les malades. Bientôt les
vaisseaux qui allaient aux Indes, trouvèrent les rafraî-
chissements, les commodités nécessaires après une longue
navigation. Trois navires, dont l'un était de cinq cents
tonneaux, sortirent des arsenaux qu'il avait élevés. Si
le fondateur n'eut pas la consolation de porter la colonie
au degré de prospérité dont elle était susceptible, il eut
du moins la gloire d'avoir découvert ce qu'elle pourrait
devenir dans des mains habiles.

Cependant ces créations, quoique faites comme par
magie, n'eurent pas l'approbation de ceux qu'elles inté-
ressaient le plus. La Bourdonnais fut réduit à se justifier.
Un des directeurs lui demandait un jour, comment il avait
fait si mal les affaires de la compagnie, et si bien les
siennes. " C'est, répondit-il, que j'ai fait mes affaires
selon mes lumières, et celles de la Compagnie d'après vos
instructions."

Partout les grands hommes ont fait plus que les
grands corps. Les peuples et les sociétés ne sont que les
instruments des hommes de génie : ce sont eux qui ont
fondé des états, des colonies. L'Espagne, le Portugal, la
Hollande et l'Angleterre, doivent leurs conquêtes ou leurs
établissements des Indes à des navigateurs, des guerriers,
ou des législateurs, d'une âme supérieure. La France
surtout, est plus redevable de sa gloire à quelques heureux particuliers, qu'à son gouvernement. Un de ses

sujets rares venait d'établir la puissance des François
sur deux isles importantes de l'Afrique ; un autre encore
plus extraordinaire, l'illustrait en Asie, c'était Dupleix...

L'Abbé RAYNAL.

(Histoire Philosophique et Politique des
Établissements et du Commerce des Eu-
ropéens dans les deux Indes.—Paris, An
III, Vol. 2, p. 398.)

M. de La Bourdonnais, ce grand homme dont l'histoire parlera toujours avec éloge, grand général, grand
homme de mer, grand administrateur, grand négociant,
grand agriculteur, M. de La Bourdonnais enfin l'avait
jugée (*l'île de France*) bien différemment et il la connaissait bien, puisqu'il l'a gouvernée pendant plusieurs
années et que c'est à lui qu'on devra les sources de sa
prospérité. Il regardait l'île de France comme la clef du
commerce des Indes pour la nation, comme le boulevard
de nos établissements dans l'Asie, et comme un moyen de
conquêtes. Il a fait plus, il a prouvé la justesse de ses
dernières vues, en chassant l'escadre anglaise de la côte
de Coromandel, en assiégeant et en prenant Madras. Il
voulait que l'Isle de France devînt l'entrepôt du commerce des Indes pour la nation et le dépôt de nos forces
de terre et de mer. *Agricole, commerçante et militaire,*
c'était l'idée qu'il s'en était faite ; c'est aussi sa vraie
définition...

CHARPENTIER-COSSIGNY.

(Voyage à Canton, capitale de la province de ce
nom à la Chine &a.—Paris, an VII.)

Le premier poteau à l'écusson de France qui couvrit de son égide, pendant un siècle, la colonie, fut planté par un Malouin (*Garnier du Fougeray*). Ce fut encore un de mes compatriotes, l'immortel Mahé de La Bourdonnais qui fonda cette importante possession française et la porta sous son administration à un haut degré de prospérité......

Tous les encouragements, tous les secours propres à favoriser l'agriculture, le commerce et l'industrie, furent protégés par ses mains généreuses et souvent à ses propres dépens. La canne à sucre, l'indigo, le coton, le rima et le manioc, furent les trésors que lui durent les colons. Il ne se contenta pas de faire prospérer le pays, mais il sut aussi le rendre redoutable aux ennemis de la patrie...

CH. C.

(CHARLES CUNAT.)

(Croisière dans l'Inde ; Combat du Grand Port, Août 1810,—Saint Malo, Imprimerie et Librairie de E. Carruel.)

Dès que La Bourdonnais fut arrivé dans les îles de son gouvernement, il les étudia à fond. Son heureuse pénétration, son infatigable activité abrégèrent le travail. Il établit partout la discipline et la subordination, maniant avec autant d'adresse que de sévérité des esprits fougueux et qui jamais encore ne s'étaient vus retenus dans les bornes du devoir et de l'obéissance. Après avoir réglé les intérêts moraux, comme eut fait un législateur consommé, il prit soin, en bon père, des intérêts matériels des colons. Le premier, il dota les Iles de France et de Bourbon de leurs plantations de cannes à sucre, et il

établit des raffineries qui produisirent presque immédiatement à la Compagnie des Indes des sommes considérables.
Il fonda aussi des fabriques de coton et d'indigo, fit cultiver le riz et le blé pour la nourriture des Européens et
naturalisa aux îles Orientales de l'Afrique pour la subsistance des esclaves, le manioc, qu'il avait apporté de
Brésil. Manquant d'ingénieurs et d'architectes, La
Bourdonnais se fit l'un et l'autre et bientôt des maisons,
des hôpitaux, des magasins, des arsenaux même, s'élevèrent à la place des cabanes, avec de bonnes fortifications
pour protéger le tout ; des communications furent ou-
vertes, des canaux creusés, des ponts, des aqueducs, un
pont et des quais construits comme par enchantement.
Avant l'arrivée de La Bourdonnais on ne savait à l'île de
France, ce que c'était de radouber ou de caréner un
vaisseau, les habitants, qui avaient de petites embarcations pour aller à la pêche, étaient incapables d'y faire
par eux-mêmes la moindre réparation, et n'attendaient
rien que du secours des ouvriers qui, de hasard, relachaient
sur leurs côtes. L'intelligent gouverneur, dont le coup
d'œil avait deviné dans l'Ile de France une émule possible
de la colonie hollandaise de Batavia, un entrepôt commode et sûr pour la compagnie des Indes Orientales,
encouragea de toutes ses forces les colons à le seconder.
Il fit chercher, voiturer, façonner tous les bois propres à
la marine, et en moins de deux ans, il eut tous les maté-
riaux qu'il désirait à sa disposition...... Bientôt les
ouvriers de l'Ile de France furent en état de doubler et
radouber non-seulement les bâtiments de leurs côtes, mais
encore ceux qui venaient d'Europe. On ne s'en tint pas là.
Un beau brigantin, navire de bas bord, avec un grand
mât, un mât de misaine et un mât de beaupré, plus en usage

pour le commerce que pour la guerre, quoique très propre à faire la course, fut entrepris avec un plein succès par La Bourdonnais, qui lui fit succéder immédiatement, sur le chantier, un bâtiment de cinq cents tonneaux. Le port de l'île-de-France ne tarda pas à être en aussi bonne renommée, pour la construction des vaisseaux, que celui de Lorient... C'est ainsi que l'Ile-de-France et celle de Bourbon, hier encore presque dédaignées, comme d'inutiles rochers, devinrent en quelques jours l'orgueil de la mer des Indes, l'objet de la jalousie et de l'ambition des Anglais et des Hollandais...

Léon Guérin.

(Histoire Maritime de France, T. II, Ch. VII, 2me édition, 1844.)

La Bourdonnais arriva victorieux à Pondichéry et s'y trouva en présence de Dupleix. Deux systèmes opposés, deux autorités indépendantes l'une de l'autre avec des limites mal déterminées, deux caractères également fiers et absolus, l'un emporté et rancuneux, l'autre concentré, profond, inflexible, c'était plus qu'il n'en fallait pour susciter d'inévitables conflits : mais ce n'était rien encore ! Les ministres et la Compagnie avaient tout fait pour rendre la conciliation impossible ; ils avaient tout à la fois conféré à La Bourdonnais des pouvoirs qui semblaient l'autoriser à prendre la prépondérance pour les opérations militaires, et investi Dupleix d'une sorte de dictature, en lui permettant secrètement d'agir sans le contrôle du conseil supérieur de l'Inde : ils avaient tout à la fois défendu à La Bourdonnais de conserver les comptoirs ennemis dont il s'emparerait et
serait les comptoirs ennemis dont il s'emparerait et

enjoint à Dupleix de prendre possession de Madras, si l'on pouvait s'en rendre maître, et de céder cette colonie anglaise au Nabab de Carnatic. Enfin, La Bourdonnais avait été désigné par le contrôleur général comme le successeur éventuel de Dupleix et celui-ci le savait ! Aussi ces deux hommes dont l'accord nous eût donné l'Asie, furent-ils ennemis dès le jour de leur rencontre !

Après deux mois perdus en tiraillements, en défiances réciproques, en efforts infructueux pour attendre l'escadre anglaise, La Bourdonnais se décida au siège de Madras : deux mille soldats débarqués de l'escadre, assaillirent une ville de cent mille âmes, garnie de deux cents pièces de canon, mais mal fortifiée par la lésinerie de la Compagnie anglaise, qui n'avait pas montré {jusqu'alors plus de vues politiques que la française. Le gouverneur anglais avait compté que le nabab de Carnatic interviendrait au nom de la neutralité qu'il avait garantie ; mais le nabab, prévenu qu'on lui céderait Madras, ne bougea pas. Les Anglais, peu nombreux parmi une masse inerte d'Hindous, s'effrayèrent et se rendirent presque sans résistance (15-21 septembre 1746). La Bourdonnais exigea qu'ils fussent tous prisonniers de guerre et que tous les biens meubles, soit de la Compagnie anglaise, soit des particuliers, fussent livrés aux Français ; mais il promit que la ville serait ensuite restituée aux Anglais, et les prisonniers délivrés, moyennant une rançon d'environ 9 millions. Il croyait rendre un grand service à la Compagnie en lui assurant un butin de 13 à 14 millions, outre la part des soldats et des marins et celle qu'il se faisait à lui-même. Dupleix ne l'entendait pas ainsi ; n'ayant pu prévenir cette capitulation, il voulut obliger La Bour-

donnais à la rompre et lui signifia qu'il avait outre-passé
ses pouvoirs ; que Madras ne serait pas rendu aux Anglais. La Bourdonnais répondit qu'il était maître de sa
conquête, qu'il avait exécuté ses instructions et qu'il
tiendrait sa parole. La querelle en vint à ce point, que
le conseil supérieur, que présidait Dupleix, voulut, dit-on,
faire arrêter ou enlever La Bourdonnais dans Madras, et
que La Bonrdonnais fit arrêter les officiers du conseil. On
rentra toutefois en pourpalers, mais, tandis que La Bourdonnais s'obstinait à rester à Madras jusqu'à ce que
l'affaire fût réglée, arriva l'époque sémestrielle du vent
du nord (mousson), saison dont le début est très dangeu-
reux pour les vaisseaux sur cette côte dépourvue de
ports et de havres. La nuit du 13 au 14 Octobre, un
terrible ouragan abîma corps et biens deux des vaisseaux
de La Bourdonnais et démâta les autres. C'était le
naufrage de sa fortune. Le malheureux marin se résigna
enfin à quitter l'Inde à la fin d'Octobre et à ramener à l'Ile
de France ceux de ses navires qui purent tenir la mer.

Il trouva dans ces îles un successeur déjà installé.
La Compagnie le punissait de torts qui étaient à elle et
aux ministres beaucoup plus qu'à lui, présage peu rassu-
rant pour le rival à qui on semblait le sacrifier et qui
n'avait pas lieu de s'attendre à plus de justice. Il voulut
retourner en France pour se justifier : il passa aux An-
tilles et, de là, en Europe, déguisé, sur un bâtiment
hollandais : le navire relâcha en Angleterre ; La Bourdonnais fut reconnu et saisi comme prisonnier de guerre.
Il sut qu'une instruction judiciaire était commencée contre
lui à Paris : il obtint du gouvernement anglais la per-

mission de rentrer en France sur parole : à peine arrivé,
il fut jeté à la Bastille (6 mars 1748). Les vieilles haines
qui couvaient contre lui dans les bureaux de la Compagnie s'étaient jointes aux dénonciations parties de
Pondichéri. Il fut tenu plus de deux ans au secret ! Ce
fut seulement pendant la troisième année de son emprisonnement qu'il put se faire entendre. Il le fit avec un
succès complet : l'accusation de trahison n'était pas sou-
tenable ; celle de désobéissance tomba devant les instructions ministérielles qu'il exhiba. Il fut acquitté aux
applaudissements universels (1751) ; mais sa santé était
ruinée par la captivité ; son frère et son meilleur ami,
enveloppé dans son procès, était mort dans les fers ; la
Compagnie soutenue par l'arbitraire ministériel, lui disputait les débris de sa fortune. Il mourut, miné par le
chagrin, le 10 novembre 1753.

La France entière le pleura, sans savoir la vraie
cause de ses malheurs, et la défaveur qui rejaillit sur
Dupleix, présenté comme un rival égoïste et jaloux, prépara une seconde et plus grande victime...

HENRI MARTIN.

*(Histoire de France.—Paris, 4me Edition
T. XV, p. 310.)*

Obligée d'envoyer à l'Ile-de-France des colons, des
munitions, des vivres, la rigide Compagnie comptait avec
amertume l'argent qu'elle dépensait sans en rien retirer.
Elle ne comprenait point l'importance de cette nouvelle

conquête, et, comme les Hollandais, elle l'aurait peut-être
abandonnée, si, des plages fécondes de la Bretagne, de la
petite ville de Saint Malo, n'était sorti un jeune officier
qui, par une ordonnance royale, fut nommé gouverneur de
nos possessions africaines. C'était Labourdonnais, notre
admirable et infortuné Mahé de Labourdonnais, un de
nos héros dans les régions de l'Inde avec Dupleix.

Labourdonnais et Dupleix, ces deux hommes de
génie ! Quel malheur qu'ils soient devenus ennemis l'un
de l'autre ! S'ils avaient pu agir en bon accord avec
leurs vastes conceptions et leur ardent courage, nous
n'aurions pas perdu notre pouvoir dans l'Inde, et Macaulay n'aurait pas raconté les triomphes de Clive,
Labourdonnais et Dupleix, tous deux si conquérants, et
tous deux à la fin de leur vie si malheureux ! Les succès
les plus éclatants doivent-ils donc être achetés par les
souffrances les plus amères ? Il est long le martyrologe
de ceux qui se sont dévoués à une grande œuvre, et il
s'accroit à chaque nouvelle entreprise.

Labourdonnais fut le vrai fondateur de notre colonie
à l'île-de-France. Avant lui tout était là dans un état de
misère et d'anarchie. Grâce à son intelligence, à son
zèle, à son intrépide résolution, il réprima tous les dé-
sordres et surmonta toutes les résistances...... D'une
nature aristocratique, d'un caractère vigoureux jusqu'à la
violence, pour accomplir ses projets il ne reculait devant
aucun obstacle, ni aucune inimitié. A la fin ses ennemis
devinrent ses maîtres, ils le firent enfermer à la Bastille,
lui le bienfaisant administrateur, l'héroïque soldat. Quand
il recouvra sa liberté, ses forces étaient épuisées ; il mourut

quelques mois après. Le gouvernement de la France rendit à Labourdonnais une tardive justice. La colonie de l'île de France n'a cessé d'honorer et de bénir sa mémoire...

XAVIER MARMIER.

(En Pays Lointains.—Paris 1876.)

Avec La Bourdonnais, il s'opéra immédiatement un changement complet dans la position relative des deux îles : Bourbon passa au second plan. Le gouverneur-général n'y venait que par occasion ; il avait compris l'immense avantage que procuraient à l'Ile de France, au point de vue militaire, les deux ports dont elle est pourvue ; il y fixa sa résidence et y appliqua tous ses soins, tous ses efforts, tous ses moyens. Certes, c'était opérer comme il fallait ; c'était avoir le sens politique et agir dans l'intérêt de la patrie commune : à cet égard, il n'y a place que pour des éloges, et il ne faut pas les marchander. Le mal que l'Ile de France a fait au commerce et à la marine anglaise pendant la révolution et le premier empire doit être en grande partie rapporté à La Bourdonnais qui en avait posé les moyens. Mais, si d'un autre côté, nous resserrons le cercle de nos appréciations, et (tranchons le mot) si nous faisons une part à l'amour du clocher, nous serons tout porté à penser que lorsque les habitants de Bourbon exaltent La Bourdonnais et lui dressent des statues, ils y mettent un peu de naïveté. Bourbon, sous son administration, comme plus tard, sous celle de M. Decaen, homme à son tour très remarquable, fut complètement sacrifié à l'île voisine......

ELIE PAJOT.

(Simples Renseignements sur l'Ile Bourbon,—
Paris, 1887, p. 102.)

Mahé de La Bourdonnais succède à M. Dumas, il est nommé gouverneur-général des Iles de France et de Bourbon...... Il avait déjà fait ses preuves comme marin, comme militaire, quand la compagnie, à laquelle il avait rendu des services marqués, pensa à lui donner ce commandement important. Son habileté, son énergie éprouvées le désignaient pour l'administration des deux îles. Il devait de plus commander une flotte et combattre les Anglais dans la mer des Indes. Homme de génie, d'une rare énergie, ses facultés de premier ordre s'étendaient à tout...... A son premier retour, en France, Labourdonnais, pendant la traversée, écrivit un mémoire sur les îles de France et de Bourbon. Il fait l'historique des premiers établissements, considère avec raison Regnault et ses compagnons comme les premiers pionniers de l'île Bourbon. Ce mémoire qu'on trouve aux archives de la marine fait voir la netteté de vue de cet esprit supérieur, et les efforts qu'il fit pour donner à ces îles une importance agricole et commerciale si nécessaire au mouvement qui s'accroissait chaque jour davantage dans la mer des Indes.

Labourdonnais fit beaucoup pour Bourbon, mais on peut dire qu'il fut le fondateur de l'île de France...

Dr. H. Lacaze.

(L'Ile Bourbon, l'île de France, Madagascar, Recherches Historiques.—Paris, 1880, p. 153.)

Sans Bernardin de Saint-Pierre, qui lui a fait jouer un rôle dans *Paul et Virginie*, le nom de La Bourdonnais n'aurait peut-être pas eu la célébrité qu'il méritait par lui même. C'est la littérature, plus que l'histoire, qui a assuré sa renommée. Il n'est peut-être pas beaucoup de personnes se rappelant les circonstances de l'expédition de Madras, pourtant extraordinaire par son audace et son succès. Il en est beaucoup plus qui se souviennent, dans le roman, de la scène où La Bourdonnais, gouverneur de l'île de France, vient trouver Mme de La Tour et s'écrie : " Il n'y a ici que des meubles en bois, mais on y trouve des visages sereins et des cœurs purs..."

On sait, " en gros " que La Bourdonnais, après avoir combattu glorieusement pour son pays, fut victime quand il revint en France, d'abominables calomnies, et que, au lieu des récompenses qui lui étaient dues, il trouva un cachot à la Bastille, d'où il ne sortit—réhabilité—que pour mourir. Les gens un peu mieux informés ont l'impression vague que ce " colonial " d'autrefois eut de terribles démêlés avec Dupleix, pour le malheur de la France, car que n'eussent pas accompli ces deux hommes de magnifique énergie, s'ils eussent été unis au lieu d'être divisés !

Mais la vérité vraie est qu'on ne songeait plus beaucoup, chez nous, à La Bourdonnais, sur lequel on ne connaît communément que des anecdotes.

Eh bien, c'est en terre anglaise qu'on va instituer des fêtes en son honneur et célébrer le second centenaire de sa naissance !

Voilà qui paraît assez orignal, la mémoire de ce héros français glorifiée dans une dépendance de l'empire britannique, et glorifiée avec éclat ! Entre autres manifestations, ne parle-t-on pas de l'émission d'un timbre-poste, à son effigie, qui aura cours pendant quelques jours ?

Ce sont les habitants de Maurice—l'ancienne île de France—qui ont eu cette idée. Elle est à leur honneur autant qu'à l'honneur du souvenir de La Bourdonnais qui fut, en fait, le vrai fondateur de la colonie que nous perdîmes en 1810. Il a déjà sa statue, là-bas, sur la Place d'Armes de Port-Louis, et il ne l'a que depuis que Maurice est aux Anglais. Il fut, pourtant, un de leurs plus redoutables adversaires ; il leur infligea, dans l'Inde, un terrible échec. Mais ils ont dû lui rendre justice. N'est-ce pas Macaulay qui a dit de lui " qu'il joignait les vertus aux talents ", et John Hennessy, l'historien des luttes de la France et de l'Angleterre dans l'Inde, n'a-t-il pas tracé de La Bourdonnais un portrait presque enthousiaste ?

Les autorités britanniques, aujourd'hui encore admettent sans difficulté que les Mauriciens, demeurés malgré le temps qui s'est écoulé depuis la conquête anglaise, tous attachés aux souvenirs de leur origine française, rendent un solennel hommage à l'homme qui, naguère, créa réellement leur pays, bâtit leur capitale, donna à l'île une prospérité qu'elle n'a plus retrouvée. En ce temps d'universelle intolérance le fait ne laisse pas d'être assez remarquable. C'est l'initiative particulière qui a pensé à cette commémoration, mais le gouvernement de Maurice sera amené à s'associer plus ou moins directe à ces fêtes ; or, La Bourdonnais fut un ennemi loyal et chevaleresque, mais il fut un ennemi déclaré de l'Angleterre.

Déjà, il y a quelques années, le gouvernement anglais avait contribué de ses deniers à la restauration du tombeau d'un autre adversaire de jadis, le général Malartic qui, de 1792 à 1800, mérita le surnom de " sauveur de la colonie", inscription qui se trouve encore sur son monument.

Tout ceci prouve donc, en fait, la force de l'empreinte française. La France ne sut pas garder toutes ses colonies, mais elle eut les meilleurs colonisateurs puisqu'ils surent se faire aimer, ce qui semble bien la plus solide preuve qui puisse être donnée de ce genre expansif. Là où nous ne sommes plus, au Canada, à Maurice, les traditions françaises subsistent, très vivantes et, en quelque sorte, inexpugnables ; notre langue est toujours parlée ; il ne s'est guère opéré de fusion entre conquis et conquérants, et même, sans pouvoir former le rêve d'un retour à la mère-patrie, les populations gardent tous les signes distinctifs de la race d'où elles sont sorties. L'exemple est frappant de cet anniversaire, dont on ne s'était pas avisé en France, et que relèvent les Mauriciens par une pensée dont nous ne pouvons point ne pas être touchés...

PAUL GINISTY.

(Le Petit Marseillais, 1899*).*

In 1735, La Bourdonnais was appointed governor of the islands. This was a remarkable man....Apprized of his knowledge and capacity, the French government turned its eyes upon him, as a man well qualified to aid in raising the colonies in the eastern seas from that state of depression in which they remained.

In 1734 he was nominated governor general of the isles of France and Bourbon, where he arrived in June 1735. So little had been done for the improvement of these islands, that the people, few in number, were living nearly in the state of nature. They were poor, without industry, and without the knowledge of almost any of the useful arts. They had neither magazine, nor hospital, neither fortification, nor defensive force, military or naval. They had no roads ; they had no beasts of burden, and no vehicles. Everything remained to be done by Labourdonnais ; and he was capable of everything. With the hand to execute, as well as the head to contrive, he could construct a ship from the keel : he performed the functions of engineer, of architect, of agriculturist : he broke bulls to the yoke, constructed vehicles, and made roads : he apprenticed blacks to the few handicrafts whom he carried out with him : he prevailed upon the inhabitants to cultivate the ground ; and introduced the culture of the sugar-cane and indigo : he made industry and the useful arts to flourish ; contending with the ignorance, the prejudices, and the inveterate habits of idleness, of those with whom he had to deal, and who opposed him at every step. To introduce any degree of order and vigilance into the management even of the hospital which he constructed for the sick, it was necessary for him to perform the office of superintendent himself, and for a whole twelvemonth he visited it regularly every morning. Justice had been administered by the Councils, to whom that function regularly belonged, in a manner which produced great dissatisfaction. During eleven years that Labourdonnais was governor, there was but one law-suit in the Isle of France, he himself having terminated all differences by arbitration......

It was in consequence of an express article in his orders from home, that Labourdonnais agreed to the restoration of Madras. But nothing could be more adverse to the views of Dupleix. He advised, he entreated, he menaced, he protested ; Labourdonnais, however proceeded with firmness to fulfil the conditions into which he had entered. Dupleix not only refused all assistance to expedite the removal of goods, and enable the ships to leave Madras before the storms which accompany the change of monsoon ; he raised up every obstruction in his power and even endeavoured to excite seditions among Labourdonnais' own people, that they might seize and send him to Pondicherry. On the night of the 13th October, a storm arose, which forced the ships out to sea. Two were lost, and only fourteen of the crew of one of them were saved. Another was carried so far to the southward, that she was unable to rejoin the coast ; all lost their masts and sustained great and formidable injury. Disregarding the most urgent entreaties for assistance, Dupleix maintained his opposi-tion. At last, a suggestion was made, that the articles of

the treaty of ransom should be so far altered, as to afford
time to the French, for removal of the goods ; and Labourdonnais and the English, though with some reluctance,
agreed, that the period of evacuation should be changed
from the 15th October to the 15th of January. This was
all that Dupleix desired...... Hastening to Europe to
make his defence or answer the accusations of his
enemies, he took his passage in a ship belonging to
Holland. In consequence of the declaration of war she
was forced into an English harbour. Labourdonnais
was recognized, and made a prisoner ; but the conduct
which he had displayed at Madras was known and remembered. All ranks received him with favour and
distinction. That he might not be detained, a director
of the East India Company offered to become a security
for him with his person and property. With a corres-
ponding liberality, the government declined the offer,
desiring no security but the word of Labourdonnais. His
treatment in France was different. The representations
of Dupleix had arrived : A brother of Dupleix was a
director of the East India Company ; Dupleix had only
violated a solemn treaty ; Labourdonnais had only faithfully and gloriously served his country ; and he was
thrown into the Bastille..."

JAMES MILL.

(The History of British India—London, 1858,
Vol. III, p. 39 et seq...)

[TRADUCTION]

En 1735, La Bourdonnais fut nommé gouverneur des Iles.
C'était un homme remarquable...Ses connaissances et ses capa-
cités le désignèrent au gouvernement français comme l'homme

ayant toutes les qualités voulues pour relever les colonies des mers orientales de l'état de dépression dans lequel elles se trouvaient. En 1734 il fut nommé gouverneur-général des Iles de France et de Bourbon où il arriva en Juin 1735. On avait si peu fait pour améliorer ces îles, que les habitants qui étaient en très petit nombre vivaient presque à l'état de nature.

Ils étaient pauvres et n'avaient aucune industrie, et ignoraient presque tous les arts utiles. Ils n'avaient ni magasins, ni hôpital, ni fortifications, ni force défensive militaire ou navale. Ils n'avaient ni routes, ni bêtes de somme, ni véhicules : La Bourdonnais avait tout à faire, et il pouvait tout faire. Capable d'exécuter aussi bien que de concevoir, il était à même de construire un vaisseau depuis la quille. Il remplit les fonctions d'ingénieur, d'architecte et d'agriculteur : il dompta des bœufs, construisit des véhicules, ouvrit des chemins : il mit des noirs en apprentissage sous les quelques artisans qu'il avait emmenés avec lui : il persuada aux habitants de cultiver leurs terres ; et introduisit la canne à sucre et l'indigo : il fit fleurir l'industrie et les arts utiles ; luttant contre l'ignorance, les préjugés et cette habitude de paresse invétérée chez ceux avec lesquels il se trouvait et qui à chaque pas lui faisaient de l'opposition. Pour mettre un peu d'ordre et de vigilance dans la direction même de l'hôpital qu'il avait construit, il lui fallut remplir les fonctions de surintendant, et chaque matin pendant toute une année il visita régulièrement cet hôpital.

La justice, administrée par les Conseils auxquels ces fonctions appartenaient régulièrement, l'avait été d'une façon telle qu'elle avait donné lieu à de grands mécontentements. Pendant les douze années que La Bourdonnais fut gouverneur il n'y eut qu'un seul procès à l'île de France, il avait lui-même réglé, par arbitrage, tous les différends......

C'est en vertu d'un article exprès des ordres qu'il avait reçus de la métropole que La Bourdonnais consentit à rendre Madras. Mais rien ne pouvait être plus contraire aux vues de Dupleix. Il conseilla, supplia, menaça, protesta ; La Bourdonnais, néanmoins continua à remplir avec fermeté les engagements qu'il avait contractés. Non seulement Dupleix refusa toute assistance pour accélérer le transport des marchandises et pour permettre aux navires de quitter Madras avant les ouragans qu'accompagne généralement le changement de mousson, mais encore il souleva toutes les difficultés possibles, et alla même jusqu'à fomenter la sédition parmi les hommes de La Bourdonnais, dans l'espoir de le voir arrêté et conduit à Pondichéry. Dans la nuit du 13 Octobre, une tempête s'éleva et força les navires à prendre le large. Deux furent perdus ; et l'un des deux en outre ne sauva que quatorze hommes de son équipage. Un autre fut entraîné si loin dans le sud qu'il ne lui fut pas possible de regagner la côte ; tous perdirent leurs mâts et éprouvèrent de grandes avaries. Sourd aux plus pressantes demandes de secours, Dupleix maintint son opposition. A la fin, on suggéra la modification des articles du traité de rançon de façon à donner aux Français le temps d'enlever les marchandises. La Bourdonnais et les Anglais acceptèrent, quoique avec répugnance, que le temps fixé pour l'évacuation de la ville fut changée du 15 Octobre au 15 Janvier. C'était tout ce que désirait Dupleix....

Il se hâta de partir pour l'Europe pour se défendre des accusations de ses ennemis ou pour y répondre ; il prit passage à bord d'un navire hollandais. En raison de la déclaration de guerre le bateau fut forcé de se réfugier dans un port anglais. La Bourdonnais fut reconnu et fait prisonnier ; mais on connaissait sa conduite à Madras et on s'en souvint. Toutes les classes de la société le reçurent avec honneur et distinction. Pour éviter sa détention, un directeur de la Compagnie des Indes Orientales offrit de le cautionner de sa personne et de ses biens. Le gouvernement, avec la même magnanimité, refusa l'offre, ne voulant d'autre caution que la parole de La Bourdonnais. On le traita différemment en France. Les représentations de Dupleix étaient arrivées : un frère de Dupleix était directeur de la Compagnie des Indes Orientales ; Dupleix n'avait fait que violer un traité solennel ; La Bourdonnais n'avait fait que servir son pays avec fidélité et gloire—et il fut jeté à la Bastille...

JAMES MILL.

(L'Histoire de l'Inde Anglaise.—Londres, 1858,
Vol. III p. 39 et suiv.)

La Bourdonnais, governor of Mauritius, a man of eminent talents and virtues, conducted an expedition to the continent of India in spite of the opposition of the British fleet, landed, assembled an army, appeared before Madras, and compelled the town and fort to capitulate. The keys were delivered up ; the French colours were displayed on Fort St. George ; and the contents of the Company's warehouses were seized as prize of war by the conquerors. It was stipulated by the capitulation that the English inhabitants should be prisoners of war on parole, and that the town should remain in the hands of the French till it should be ransomed. La Bourdonnais pledged his honour that only a moderate ransom should be required.

But the success of La Bourdonnais had awakened the jealousy of his countryman, Dupleix, governor of Pondicherry. Dupleix, moreover, had already begun to revolve gigantic schemes, with which the restoration of Madras to the English was by no means compatible. He declared that La Bourdonnais had gone beyond his powers ; that conquests made by the French arms on the continent of India were at the disposal of the governor of Pondichery alone; and that Madras should be razed to the ground. La Bourdonnais was compelled to yield. The anger which the breach of the capitulation excited among the English was increased by the ungenerous manner in which Dupleix treated the principal servants of the Company. The governor and several of the first gentlemen of Fort St. George were carried under a guard to Pondicherry, and conducted through the town in a triumphal procession under the eyes of fifty thousand spectators. It was with reason thought that this gross violation of public faith absolved the inhabitants of Madras from the engagements into which they had entered with Labourdonnais...

LORD MACAULAY.

(Essay on Lord Clive.)

La Bourdonnais, gouverneur de Maurice, homme doué de grandes qualités et de grandes vertus, dirigea une expédition dans l'Inde malgré l'opposition de la flotte anglaise ; il débarqua, réunit une armée, se présenta devant Madras et obligea la ville et le fort à capituler. Les clés furent livrées, les couleurs françaises furent déployées sur le fort St. Georges ; et les vainqueurs prirent ce qui se trouvait dans les magasins de la Compagnie. Il était stipulé dans la capitulation que les habitants anglais seraient prisonniers de guerre sur parole, et que la ville resterait au pouvoir des Français jusqu'à sa rançon. La Bourdonnais donna sa parole qu'il n'exigerait qu'une rançon raisonnable. Mais les succès de La Bourdonnais avaient éveillé la jalousie de son compatriote Dupleix, gouverneur de Pondichéry. Dupleix avait de plus commencé à former des projets gigantesques qui ne s'accordaient nullement avec la restitution de Madras aux Anglais. Il déclara que La Bourdonnais avait outrepassé ses pouvoirs, que les conquêtes faites par les armes françaises sur le continent de l'Inde étaient à la disposition du gouverneur de Pondichéry uniquement, et que Madras devait être rasé. La Bourdonnais fut obligé de céder. La colère que la violation de la capitulation excita parmi les Anglais fut augmentée par la façon peu généreuse dont Dupleix traita les principaux employés de la Compagnie. Le gouverneur et quelques-uns des principaux officiers du Fort St. George furent envoyés sous escorte à Pondichéry et conduits dans la ville en procession triomphale, sous les yeux de cinquante mille personnes. On pensa avec raison que par suite de cette grossière violation de la foi jurée, les habitants de Madras étaient relevés de l'engagement qu'ils avaient contracté avec Labourdonnais.

LORD MACAULAY.

(Essai sur Lord Clive.)

I find that it is not generally remembered in England that events connected with this little island have powerfully affected the history both of the eastern and western world. For it was in Mauritius (then known as the Isle of France) that the famous French governor La Bourdonnais, a man, as Macaulay writes in his essay on Clive " of eminent talents and virtues " and who first formed the grand idea of founding a european empire in India ;— it was in Mauritius, I repeat, that La Bourdonnais organised the expedition which, in 1746, took Madras from the English. Had it not been for the jealousy and intrigues of his rival Dupleix, the French governor of Pondichery ; for the neglect of the ministers of Louis XV ; and for the genius and exploits of Clive, La Bourdonnais would probably have succeeded in India ; thus changing the destiny of the eastern world.

Sir GEORGE BOWEN.

(Thirty Years of Colonial Government.—
London, 1889, Vol. II, Ch. XXVIII.)

[TRADUCTION]

Je trouve qu'en général l'on ne se souvient pas en Angleterre que les évènements qui se rattachent à cette petite île ont eu une puissante influence sur l'histoire du monde oriental ainsi que sur celle du monde occidental. Ce fut en effet à l'île Maurice (connue alors sous le nom de l'*Ile de France*) que le fameux gouverneur français La Bourdonnais, " *homme doué de grandes qualités et de grandes vertus*," comme l'écrit Macaulay dans son Essai sur Clive, conçut le premier la grande idée de fonder un empire européen dans l'Inde. Ce fut à Maurice, dis-je, que La Bourdonnais organisa l'expédition qui en 1746 enleva Madras aux Anglais. Sans la jalousie et les intrigues de son rival Dupleix, gouverneur français de Pondichéry, et sans la négligence des ministres de Louis XV et le génie et les exploits de Clive, La Bourdonnais aurait probablement réussi à fonder un empire français dans l'Inde, changeant ainsi la destinée du monde oriental.

Sir GEORGE BOWEN.

(Trente Ans de Gouvernement Colonial.—
Londres, 1889. Vol. II, Ch. XXVIII).

Lord Macaulay in his Essay on Lord Clive says :—
" Labourdonnais, governor of Mauritius, a man of
eminent talents and virtues (&a...) ". Nearly a century
and a half has passed since the colonial expedition to
which Lord Macaulay refers was fitted out. Nothing like
it has occurred in the mean time. The colonial histories
of England, France, Holland, Spain and Portugal record
many changes since 1746, but no instance of the enrol-
ment and training by a colonial governor of a local
corps for a foreign conquest such as the mauritian conquest of Madras.

Whatever may be the merits of the recent Soudan
expedition from New South Wales, it can hardly be
compared to the expedition from Mauritius...

Sir JOHN POPE HENNESSY.

*(Letters from Mauritius in the Eighteenth
Century by Grant, Baron de Vaux.—
Mauritius, 1886. Introduction p. II.)*

[TRADUCTION]

Lord Macaulay dans son essai sur Lord Clive dit :—" La
Bourdonnais homme doué de grandes qualités et de grandes
vertus " (&a....). Près d'un siècle et demi se sont écoulés depuis
que l'expédition coloniale dont parle Lord Macaulay a été
organisée.

Rien de comparable n'a eu lieu dans l'intervalle. L'histoire
coloniale de l'Angleterre, celle de la France, de la Hollande,
de l'Espagne et du Portugal ont enregistré bien des change-
ments depuis 1746 ; mais il n'y a pas d'exemple qu'un gouverneur colonial ait formé sur les lieux un corps d'armée local
pour une conquête étrangère telle que la conquête de Madras
préparée à l'île Maurice. Quel que soit le mérite de la dernière expédition du Soudan, organisée à la Nouvelle Galle du

Sud, c'est à peine si elle peut être comparée à l'expédition
partie de Maurice....

Sir JOHN POPE HENNESSY.

(*Lettres de Maurice, au 18me siècle, par
Grant, Baron de Vaux.—Maurice,* 1886.
Introduction p. II).

La Bourdonnais, after an early career full of promise,
had succeeded, in 1735, M. Dumas as governor of the
Isles of France and Bourbon.   It is not too much to say
that by his own teaching and example he had laid the
foundation of the future prosperity of those islands.   He
had proceeded to France in 1740 with the object of per-
sonally convincing the French government of the
enormous advantage which must accrue to the French
possessions in India, if, in the event of a war with
England, they had a certain base of operations in the
Indian Ocean, where land-forces could be trained, and
whence ships could sally to prey upon the commerce of
their rivals...... The position which La Bourdonnais had
foreseen and to meet which he had made his journey to
France had arrived, but the folly of his superiors had
torn from his hands the weapon with which he would
have conjured the storm.   Sensible too late of their folly,
the government ordered him to remain at his post and
do his best.   Brave and resolute, La Bourdonnais threw
his soul into the task ; improvised a fleet, trained sailors,
drilled soldiers, laid hands on all the vessels which came
from France, and on June 1, 1746, sailed with nine ships,
poorly armed and badly manned, to carry aid to the
threatened settlements of France in southern India...
Then there came into contact two men both clothed with
authority, each of whom desired to be first, and neither

of whom would be content with the rôle of second. Up to the day of meeting each had professed the most earnest desire to co-operate with the other. " The honour of success," Dupleix had written in the early part of the year " will be yours, and I shall hold myself fortunate in contributing thereto through means which owe their value entirely to your skill." On his side La Bourdonnais had written : " We ought to regard one another as equally interested in the progress of events, and work in concert. For my part, Sir, I devote myself to you beforehand, and I swear to you a perfect confidence." Such had been their professions before they had met, when danger seemed very close to the French settlement. But they had not met an hour before the question arose which of the two men, the one director-general of all the French possessions in India, the other admiral of the fleet which he had formed, and manned, and instructed himself, was to be supreme. The English fleet had disappeared. Madras was open to attack. If only it were possible to obtain the tacit consent of Nuwab the French could visit the English settlement with the fate with which her governor and the commodore acting in concert with him had threatened Pondichery. The question seemed to depend upon a cordial understanding between the French governor and the French Admiral. Madras was comparatively defenceless. The best chance for her safety lay in the possibility of a disagreement, or want of cordial action, between Dupleix and La Bourdonnais.

Colonel MALLESON, C. S. I.

(Rulers of India—Dupleix.—Oxford,
1892, p. 46.)

[TRADUCTION]

La Bourdonnais, qui, au début même de sa carrière, avait donné tant de promesses, succéda en 1735 à M. Dumas comme gouverneur des Iles de France et de Bourbon. Ce n'est pas exagérer que de dire qu'il a, par son expérience et par son exemple, jeté les bases de la prospérité future de ces îles. Il s'était rendu en France en 1740, dans le but d'exposer personnellement au gouvernement français les immenses avantages pour les possessions françaises de l'Inde, d'avoir en cas de guerre avec l'Angleterre une base d'opérations dans la mer des Indes, où l'on exercerait des forces de terre, et d'où l'on courrait sus aux navires anglais, entravant ainsi le commerce de ses rivaux...... La situation que La Bourdonnais avait prévue et au sujet de laquelle il avait fait un voyage en France, s'était présentée ; mais les fautes de ses supérieurs lui avait enlevé l'arme au moyen de laquelle il aurait conjuré la tempête. Conscient trop tard de ses fautes, le gouvernement lui donna ordre de rester à son poste et de faire de son mieux. Brave et résolu, La Bourdonnais se mit à l'œuvre de toute son âme, organisa une flotte, forma des soldats, les exerça, s'empara de tous les vaisseaux qui arrivaient de France, et, le 1er Juin 1746, pauvrement armé et mal équipé, mit à la voile pour porter secours aux établissements français qui étaient menacés dans l'Inde méridionale ..... Alors se trouvèrent en contact deux hommes revêtus d'autorité tous les deux, chacun d'eux désirant être le premier et aucun ne voulant se contenter de jouer le second rôle. Jusqu'au jour où ils se rencontrèrent, ils avaient manifesté un ardent désir d'agir de concert :—" L'honneur du succès vous appartiendra, avait écrit Dupleix au commencement de l'année, et je m'estimerai satisfait d'y contribuer par des moyens qui devront leur valeur entièrement (1) à votre habileté." De son côté, La Bourdonnais avait écrit :—" Nous devons nous regarder comme également intéressés au progrès des évènements et agir de concert. Pour ma part, Monsieur, je me dévoue entièrement à vous, et je vous jure dès maintenant une parfaite confiance." C'est ainsi qu'ils s'étaient exprimés, avant de se rencontrer, quand le danger semblait tout près de l'établissement français, mais ils ne s'étaient pas trouvés une heure en présence l'un de l'autre, que survint la question de savoir lequel des deux

(1) Nous devons dire que le mot " entièrement " qu'emploie le colonel Malleson ne se trouve pas dans le texte que donne M. Tibulle Hamont dans son ouvrage DUPLEIX *d'après sa correspondance inédite*. Édition de 1881, p. 33.

l'emporterait, du directeur général de toutes les possessions françaises dans l'Inde, ou de l'amiral qui avait lui-même formé, équipé et instruit sa flotte. La flotte anglaise avait disparu, Madras était exposé à une attaque. S'il était seulement possible d'obtenir le consentement tacite du Nabab, les Français pourraient infliger à l'établissement anglais le sort dont son gouverneur et le commodore agissant de concert avec le Nabab avaient menacé Pondichéry.

La question semblait dépendre d'une entente cordiale entre le gouverneur et l'amiral français. Madras était relativement sans défense, sa meilleure chance de sécurité dépendait de la possibilité d'un désaccord, ou d'un manque de cordialité entre Dupleix et La Bourdonnais.

Colonel MALLESON, C. S. I.

(Rulers of India— Dupleix.— Oxford,
1892, p. 46).

Two Frenchmen of great abilities and enterprise but separated from each other by a bitter jealousy, then presided over French interests in India. Dupleix, after a brilliant industrial career upon the Ganges had been made governor of the French settlement of Pondichery, while La Bourdonnais, one of the bravest and most skilful seamen France has ever produced, directed affairs in the islands of Bourbon and Mauritius. La Bourdonnais succeeded in the course of 1746 in repelling an English squadron under admiral Barnet, and in besieging and taking Madras. As express orders from the ministry at home prohibited him from occupying permanently any conquests that might be made in India, a capitulation was signed by which the town was to be restored on the payment of a specified ransom...

W. E. N. LECKY.

(A History of England in the Eighteenth
Century, 1892—Vol. II, p. 36.)

[TRADUCTION]

Deux Français ayant de grands talents et un grand esprit d'entreprise, mais divisés par une amère jalousie, avaient soin alors des intérêts de la France dans l'Inde. Après une brillante carrière industrielle sur le Gange, Dupleix avait été nommé gouverneur de Pondichéry ; tandis que La Bourdonnais, un des plus braves et des plus habiles marins que la France ait jamais produits, dirigeait les affaires aux Iles Bourbon et Maurice.

La Bourdonnais réussit en 1746 à repousser une escadre anglaise commandée par l'amiral Barnet, et à assiéger Madras qu'il enleva. Comme il avait reçu des ordres formels du ministre lui défendant de conserver aucune des conquêtes qu'il pourrait faire dans l'Inde, une capitulation fut signée par laquelle la ville devait être restituée moyennant une rançon déterminée...

W. E. N. LECKY.

(*Histoire de l'Angleterre au dix-huitième siècle.*
1892. *Vol. II, p.* 36.

Mahé de La Bourdonnais was a native of St. Malo, the Breton port which was par excellence the home of French seamen and explorers. His career illustrates in the most striking manner what able and highminded men France sent out to make a colonial empire, and how hopelessly the fruits of their honour and ability were lost owing to the jealousy of their colleagues and the faults of the home government.

La Bourdonnais practically created Mauritius, indeed he well nigh made the French power paramount in the East. He was the soul of honour and patriotism ; yet the only reward which he received was to be made the object of constant calumny, to see his efforts for the public good perpetually thwarted, to be superseded in his government, to be thrown into the Bastille, and after three years' imprisonment, to be released only to die shortly afterwards in poverty and distress...

The great governor returned to France in 1740, and there found himself assailed by prejudice and intrigue. He went out again, however, in 1741, and turned his attention to making the colony, whose resources he had developed, an important factor in the foreign policy of France. Mauritius became under him a station from which foreign trade could be crippled and powerful assistance given to the growing French empire in the East. His efforts however were neutralised by the folly and worthlessness of the French East India Company and the French government, and by the jealousy of the French leader in India, Dupleix.

At the end of 1746 he was superseded; when he reached France in 1748 he was imprisoned, and died in 1753 not very long after his release.

C. P. LUCAS, B. A.

(Of Balliol College, Oxford, and the Colonial
Office, London—a Historical Geography of
the British Colonies, 1888, Oxford, Vol. I,
p. 147.)

[TRADUCTION]

Mahé de La Bourdonnais est né à Saint-Malo, ce port breton qui est par excellence la patrie des marins et explorateurs français. Sa carrière fait voir d'une manière bien frappante la capacité et l'esprit élevé des hommes que la France employait pour fonder un empire colonial, et comment les fruits de leur honneur et de leur capacité furent perdus sans retour par la jalousie d'officiers comme eux, et par les erreurs du gouvernement métropolitain.

La Bourdonnais fut en réalité le créateur de Maurice. Par lui, la puissance française fut presque souveraine en Orient. Il personnifiait l'honneur et le patriotisme. Sa seule récompense fut d'être un éternel objet de calomnie, de voir ses efforts pour le bien public continuellement entravés, d'être supplanté dans son gouvernement, d'être jeté à la Bastille, et, après trois ans d'emprisonnement, de n'être mis en liberté que pour mourir, peu après, dans la pauvreté et la misère... Le grand gouverneur retourna en France en 1740 et se vit attaquer par la prévention et l'intrigue. Néanmoins, il partit de nouveau en 1741, et donna toute son attention à faire de la colonie dont il avait développé les ressources un facteur important de la politique étrangère de la France. Maurice devint sous lui une station d'où l'on pouvait ruiner le commerce étranger, et porter un puissant secours à l'empire français qui grandissait en Orient. Ses efforts furent d'ailleurs paralysés par la sottise et l'indignité de la Compagnie française des Indes Orientales et du gouvernement français et par la jalousie de Dupleix, le chef des troupes françaises dans l'Inde.

A la fin de 1746, il fut remplacé : quand il arriva en France en 1748 il fut mis en prison et mourut en 1753, peu après son élargissement.

C. P. LUCAS, B. A.

(Du Collège de Balliol, Oxford, et du Bureau des Colonies, Londres—Géographie Historique des Colonies Anglaises, Oxford, 1888, Vol. I, p. 147.)

V

L'ILE MAURICE RECONNAISSANTE

V

L'Ile Maurice reconnaissante

---

§ 1

(1798)

Pension faite a la Fille de Mahé de La Bourdonnais
par l'Assemblée Coloniale de l'Ile de France.

Mahé de La Bourdonnais eut plusieurs enfants à l'Ile
de France, entre autres une fille nommée Françoise Charlotte, née à Port Louis, à l'Hôtel du Gouvernement, le 3
Décembre 1741. Elle épousa en France Louis Hercule,
Marquis de Montlezun.

Devenue veuve et ayant perdu sa fortune, elle
s'adressa à l'île de France pour obtenir une pension.
Sa demande fut remise à l'Assemblée Coloniale qui s'empressa de venir à son aide. Voici l'arrêté par lequel l'Assemblée Coloniale vota cette pension :

Assemblée Coloniale

*Séance du six Fructidor au matin, an septième de la
República Française une et indivisible.*

L'Assemblée étant réunie au lieu ordinaire de ses
séances, l'appel nominal a constaté la présence de seize
membres savoir :

Lefèvre, président, Caillou, secrétaire, *pro tempore,*
Arnaud, Chastang, Bestel, Gondreville, Jubin, Roch,
Beauvais, Chazal, Epinay, Durup, Descombes, La Mar-
tellière, Dumé et Leclerc.

La séance a été ouverte à onze heures du matin.

....

Le citoyen Caillou fait son rapport sur la pétition de
la citoyenne veuve Montlezun fille de Mahé La Bourdonnaye tendante à obtenir des secours de la colonie.
L'Assemblée prend l'arrêté suivant :

Délibérant sur la pétition de la citoyenne veuve
Montlezun, fille de Mahé La Bourdonnaye, la dite
pétition en date du 12 Prairial an VI, et remise à l'Assemblée le 2 Fructidor de l'an VII ;

Considérant les services rendus à la patrie par feu
Mahé La Bourdonnaye et particulièrement à cette colonie
dont il est regardé comme le fondateur et le père ;

Considérant que les colons de l'île de France ne font
qu'acquitter une dette en donnant à la fille de Mahé La
Bourdonnais un témoignage public de leur reconnaissance
et de la vénération qu'ils ont pour son nom ;

A l'unanimité a arrêté et arrête ce qui suit :

A compter du 12 Prairial an VI la citoyenne veuve
Montlezun, née fille Mahé de La Bourdonnaye, jouira
d'une pension annuelle et viagère de 3,000 livres argent

de France que la colonie lui fera passer par les voyes les plus sûres.

LEFÈVRE,
Président.

J. SAULNIER,
Secrétaire.

En faisant parvenir à Mme de Montlezun cet arrêté, M. Lefèvre, président de l'assemblée, lui écrivit la lettre suivante :

Madame,

Le nom de La Bourdonnais, empreint sur tous les monuments de l'île de France, est encore plus profondément gravé dans le cœur de ses habitants. Tout ce qui nous rappelle sa mémoire a droit à notre reconnaissance.

Veuillez agréer, avec les hommages de la colonie, la résolution qu'elle a prise aussitôt que votre position lui a été connue ; le seul malheur des temps la force à vous exprimer aussi faiblement l'intérêt et la sensibilité que nous inspire la position de la fille du bienfaiteur de notre colonie.

Le Président de l'Assemblée Coloniale,

LEFÈVRE.

§ 2

(1811)

**Pension faite a la fille de Mahé de La Bourdonnais
par le Gouvernement Britannique.**

La pension votée par l'Assemblée Coloniale dont il est
question plus haut fut discontinuée quelques années après,
lors de la dissolution de cette Assemblée.

Abandonnée de la métropole depuis la Révolution,
l'île de France était alors dans un grand embarras.
Elle avait à subvenir à ses besoins et à se défendre contre
les attaques continuelles de l'ennemi. Le général Decaen
qui gouvernait l'île dans ces moments difficiles, se vit
forcé de cesser la pension que la colonie faisait à Madame
de Montlezun.

Plus tard, après la prise de l'île, Madame de Montlezun demanda au Gouvernement Britannique de lui
continuer la pension que l'Assemblée Coloniale lui avait
si généreusement allouée. Le comte de Liverpool, Secrétaire d'Etat pour les Colonies, auquel elle s'adressa lui
fit obtenir cette faveur.

Les documents qui suivent ont trait à cette pension.

LETTRE DU COMTE DE LIVERPOOL AU GOUVERNEUR FARQUHAR.

Downing Street,
May 16, 1811.

Sir,

I have the honour to enclose the copy of a letter which I have received from the daughter of the late Mr. Mahé de La Bourdonnais, soliciting that the pension allowed to her for the services of her late father in the Colony under your Government may not be discontinued.

Under the circumstances stated in this letter and from the recommendation which accompanies it, you are authorized to secure the payment of the pension she has hitherto received during the remainder of her life and to give directions that the amount may be remitted to her as usual.

I have the honour, &c.

LIVERPOOL.

[TRADUCTION]

Downing Street,
16 Mai 1811.

Monsieur,

J'ai l'honneur de mettre ci-inclus copie d'une lettre que j'ai reçue de la fille de feu M. Mahé de La Bourdonnais, demandant que la pension qui lui a été accordée en raison des services rendus par son père à la colonie placée sous votre gouvernement ne soit pas discontinuée.

Vu les circonstances mentionnées dans cette lettre et la

recommandation qui l'accompagne, vous êtes autorisé à lui assurer pour le reste de sa vie le paiement de la pension qu'elle a reçue jusqu'ici, et à donner des ordres pour que la somme lui soit versée comme à l'ordinaire.

J'ai l'honneur, &c.

LIVERPOOL.

RECOMMANDATION DU MAJOR-GÉNÉRAL SCOTT.

Versailles,
2nd April 1811.

Major General Scott presents his most respectful compliments to the Earl of Liverpool.

This Lady who has taken the liberty to apply to His Lordship is very old and very poor from different misfortunes ; she prays the pension allowed her by the Colonists of the Isles of France and Bourbon may be continued to her. General Scott certifies she is worthy of the human protection of His Lordship.

[TRADUCTION]

Le Major-Général Scott présente ses compliments très respectueux au Comte de Liverpool.

Cette Dame qui a pris la liberté de s'adresser à Sa Seigneurie est très âgée, et très pauvre par suite de différents malheurs. Elle demande que la pension qui lui a été accordée par les colons des Isles de France et de Bourbon lui soit continuée.

Le général Scott certifie qu'elle est digne de la bienveillante protection de Sa Seigneurie.

LETTRE DU GOUVERNEUR FARQUHAR AU COMTE DE
LIVERPOOL.

Island of Mauritius,
6th March 1812.

My Lord,

In reference to your letter under date 16th May
1811 inclosing a copy of the application received by
Your Lordship from the daughter of the late Mahé de La
Bourdonnais on the subject of the pension allowed by
the colonists of the Isle of France, in consideration of the
services of her father and soliciting its continuance, I
have now the honour to communicate to your Lordship
the result of the enquiry which I deemed advisable to
make with the view of determining the most elligible
mode of carrying into effect your Lordship's commands.

It appears that in the year 1798, the Colonial
Assembly of this Island, on the solicitation of this Lady,
assigned to her an annual pension of (3,000) three
thousand francs to be secured on the funds of the Commune Générale which were under the direct control of
that body. In the year 1803 when General Decaen
assumed the Government of these Islands, the Colonial
Assembly was abolished, and the funds heretofore at
their disposal, being applied by him to other purposes,
the demand of this Lady, with all others of a similar
description remained unsatisfied.

As these funds are now vested in the general
Government, I have in obedience with your Lordship's

wishes, and authority communicated to me for that purpose, directed the necessary orders to be issued for securing, until your Lordship's pleasure shall be known, to Madame de Montlezun, the daughter of the late Mr. Mahé de La Bourdonnais, an annual pension of one hundred and fifty £ British out of the funds of these colonies, during the remainder of her life, leaving it to Your Lordship's ulterior judgment to determine whether it should be expedient to make any increase or diminution of that amount ………

I have &c.,

R. T. FARQUHAR.

[TRADUCTION]

Ile Maurice,
6 Mars 1812.

Milord,

Me référant à votre lettre en date du 16 Mai 1811, renfermant copie de la requête que Votre Seigneurie a reçue de de la fille de feu Mahé de La Bourdonnais, au sujet de la pension qui lui a été accordée par les colons de l'Ile de France en considération des services rendus par son père, et dans laquelle elle demande que cette pension lui soit continuée ; j'ai l'honneur de communiquer à Votre Seigneurie le résultat de l'enquête que j'ai cru nécessaire d'instituer dans le but de déterminer le moyen le plus propre à assurer l'exécution des ordres de Votre Seigneurie.

Il paraît qu'en 1798 l'Assemblée Coloniale de cette île accorda à cette dame, sur sa demande, une pension annuelle de trois mille francs à être prélevés sur les fonds de la Commune Générale placés sous le contrôle direct de cette Assemblée. En 1803, lorsque le général Decaen prit le gouvernement des îles, l'Assemblée Coloniale fut abolie et les fonds qui jusque là avaient été à la disposition de l'Assemblée furent affectés par le général à d'autres usages. La demande

de cette dame ainsi que toutes celles du même genre resta
sans effet.

Comme c'est le gouvernement général qui a charge aujourd'hui de ces fonds, j'ai donné les ordres nécessaires conformément au désir de Votre Seigneurie et à l'autorisation qui
m'a été communiquée dans ce but, pour que Madame de
Montlezun, fille de Mahé de La Bourdonnais, en attendant le
consentement de Votre Seigneurie, soit assurée pendant le
reste de sa vie d'une pension annuelle de cent cinquante livres
sterling à être prélevées sur les fonds de ces colonies.

Je laisse Votre Seigneurie juge de décider s'il y a lieu
d'augmenter ou de diminuer cette somme. ....

J'ai l'honneur &c.

R. T. Farquhar.

§ 3

(1827)

Découverte de la sépulture de Madame de La Bourdonnais et de son Fils.

Pendant que Mahé de La Bourdonnais gouvernait l'Ile de France, et alors qu'il exécutait les grands travaux qui lui ont valu le titre de Fondateur de la colonie, il eut la douleur de perdre son fils, François, âgé de deux ans environ et peu de temps après, sa femme, née Marie Anne Joseph Le Brun de la Franquerie.

Tout semblait fait pour que l'on n'oubliât pas l'endroit où l'on avait déposé leurs restes ; cependant, ce ne fut pas sans difficultés que l'on put l'identifier, lorsqu'en 1827, des ouvriers, occupés à des travaux de maçonnerie dans cette partie du bureau du Secrétariat Colonial qui donne sur la rue Royale, le découvrirent.

Sans parler de la sépulture particulière que Mme de La Bourdonnais avait reçue dans la Chapelle du Gouvernement et du cénotaphe qui contenait son cœur, placé dans cette chapelle ; ce qui avait dû rappeler plus particulièrement sa mémoire et sa sépulture, était la messe qui devait être célébrée chaque semaine pour le repos de son âme, à l'endroit où ses restes se trouveraient.

Cette messe était une fondation établie à perpétuité par Mahé de La Bourdonnais. Elle se trouve mentionnée

comme suit dans l'acte de vente de la propriété Le
Villebague, dressé par Me. Molère, notaire, le 11 Mars
1747 :

" ... En considération de la présente vente les dits
sieurs Vigoureux frères ont par les présentes créé et consti-
tué en faveur de la chapelle du Port Louis de cette Isle,
érigée sous le nom de Sainte Anne, dépendant de la cure du
dit Port, désservie par Messieurs les prêtres de la Congrégration de la Mission, ce acceptans pour eux, par mon dit
sieur de La Bourdonnais, soixante livres de rente annuelle
ét perpétuelle que les dits sieurs Vigoureux promettent et
s'obligent sous la dite solidarité payer aux dits Sieurs de
la Congrégration desservant la dite Cure du Port Louis,
pour la fondation faite et établie par ces présentes, à perpétuité par mon dit Sieur de La Bourdonnais, d'une messe
qui sera par eux dite dans la Chapelle le Vendredi de
chaque semaine de l'année, plus un service au neuf May
des dites années, le tout pour le repos de l'âme de défunte
Madame Le Brun de La Franquerie, première femme de
mon dit Sieur de La Bourdonnais, sous condition que
si le tombeau de la dite dame estoit par la suite transporté ailleurs, que la dite messe, et le service se diront et
se feront à l'endroit où il aura esté transporté, laquelle
rente et fondation commencera de ce jourd'huy et sera
payé d'année en année sur les quittances des curés ou
autres desservans la dite chapelle auxquels il sera fourni
extrait de la présente fondation. A esté néanmoins convenu qu'il sera loisible aux dits sieurs Vigoureux de placer
en cette Isle, et avec sûreté, le fonds des dites soixante
livres de rente sur le pied et à raison du denier vingt

estans une des conditions de la dite création de rente, au moyen de quoy les biens cy-dessus vendus demeureront libres et affranchis de l'hypothèque des dites soixante livres de rente......"

Il est difficile de préciser l'époque à laquelle, cette fondation cessa d'être desservie, il est probable, que ce fut pendant la période révolutionnaire. Des documents officiels prouvent qu'on la desservait encore sous le Directoire en 1791. (1)

L'article suivant reproduit de la *Gazette de Maurice* du 12 Janvier 1828, signé " de FROBERVILLE père ",

(1) Entre autres documents, on peut citer l'arrêté suivant du Directoire de l'Ile de France en date du 21 Novembre 1791 :

DIRECTOIRE DE L'ILE DE FRANCE.

Vu le contrat de fondation de soixante livres de rente au profit de la Chapelle de Ste. Anne du Port Louis par le sieur Mahé de La Bourdonnais, en date du 11 Mars 1747. Vu pareillement le contrat de vente de La Villebague du 2 9bre. 1759 à la charge de la dite rente : Vu un autre contrat passé entre le sieur Mahé de La Bourdonnaye et M. Ygou, prêtre de la Congrégation, Grand Vicaire de l'Archevêque de Paris, le même jour 11 Mars 1747. Vu enfin le Contrat de fondation de 10 livres de rente au profit de la Chapelle Ste. Anne par M. Mahé de la Bourdonnaye, le 7 du dit mois de Mars 1740. Attendu que la Chapelle Ste. Anne a été remise à la paroisse St. Louis de cette ville, et que l'on y dessert les deux fondations mentionnées aux dits contrats, le Directoire, ouï, les conclusions de M. le Procureur Général Sindic, et fesant droit,

Arrête :

Que les dites pièces seront adressées en original au Marguillier de la dite paroisse pour faire le recouvrement des arérages échus et de ceux à écheoir et faire acquitter les dites fondations à la charge par lui d'en passer le produit dans les comptes de recette de l'année courante. L'autorisant même en cas de besoin à faire toutes les poursuites nécessaires pour en obtenir le payment, en cas de refus, comme objet appartenant à la fabrique du Port-Louis.

MAULGUÉ,
Président en l'absence du Président,
BOUDRET,
DÉROULLÈDE,
BUSSIÉ,
Secrétaire,

ancien capitaine d'infanterie, relate la découverte des restes de Madame de La Bourdonnais, et leur translation solennelle à la Cathédrale Saint Louis :

Port Louis, 5 Janvier 1828,

Une fouille s'est faite le 21 du mois dernier, dans un bâtiment situé à l'angle est de la rue Royale de cette ville, sur la Place d'Armes et près de l'Hôtel du Gouvernement. Un caveau creusé au pied du mur de droite de ce bâtiment a été découvert, et s'est trouvé renfermer un cercueil de plomb. Il a fallu cette circonstance pour réveiller la tradition sur ce qu'avait pu être ce bâtiment. La génération actuelle l'avait vu successivement servir de contrôle, de salle d'audience de justice de paix, d'assemblée de commune, de municipalité, de bureau de police, d'imprimérie, de librairie, de magasin ; enfin, on travaillait de nouveau pour en faire des bureaux du gouvernement. Qui pouvait se douter qu'il fut la première église de la ville, celle où l'illustre Mahé de la Bourdonnaye allait entendre la messe, et qui avait recueilli les cendres de son épouse et d'un de ses fils ?

Mais cette tradition n'était qu'assoupie. Les auteurs de la génération présente avaient élevé leurs enfants dans la connaissance des faits dont ils avaient été témoins ; aussi, quand le bruit a été répandu dans la ville, ces personnes aujourd'hui octogénaires et plus qu'octogénaires, se sont accordées à dire :

" Le bâtiment où la fouille a été faite est la première
" église bâtie au Port-Louis. Elle était celle de la paroisse.
" Elle a porté, depuis l'édification de l'église actuelle, le

" nom de chapelle du St. Esprit et du Conseil, parce que
" c'était là que les Cours Judiciaires allaient invoquer les
" lumières du St. Esprit, quand elles avaient à prononcer
" dans une affaire criminelle."

" Le cercueil découvert est celui qui renferme les
" restes de Mme de La Bourdonnais.—On doit y trouver
" le corps d'un de ses enfants mort quelque temps avant
" elle, et qu'on exhuma pour les réunir dans le même
" tombeau.—Mme de La Bourdonnaye est morte aux
" Pamplemousses, par accident et avant l'âge ; elle a été
" étouffée en mangeant un morceau de pain sortant du
" four.—On l'a ouverte avant l'inhumation. Son cœur a
" été embaumé et mis dans une urne de métal, renfermant
" une plaque en argent, sur laquelle ont été gravés ses
" noms, prénoms, âge et qualités.—Le cercueil de plomb,
" revêtu d'une chasse en bois, et l'urne renfermant son
" cœur, ont été apportés dans cette chapelle.—C'est là
" que lui a été érigé le monument mobile qu'on voit
" aujourd'hui figurer dans l'église paroissiale de St.
" Louis.—Il y fut transporté, ainsi que l'urne, lorsque
" l'église actuelle eut été bâtie.—On avait ménagé dans
" l'aile droite de cette église, (aujourd'hui la chapelle
" St. Louis, et alors la chapelle Ste. Anne, du nom de
" Mme de La Bourdonnaye), une niche de la dimension
" du monument ; et cette niche, où en effet il " était
" placé, était surmontée d'une large pierre carrée, portant
" en relief les armes de M. et Mme de La Bourdonnaye,
" les uns *champ de gueule*, les autres *champ d'azur*."

Ainsi s'est prononcée la tradition au premier bruit
de l'évènement.

Ces faits sont venus à la connaissance de l'Autorité qui, au seul nom de La Bourdonnaye, à ce nom cher à la colonie, a demandé un rapport... De l'avis de la police, et, sur le réquisitoire de M. le procureur général, M. le Président du tribunal de première instance s'est rendu sur les lieux pour constater.

Il ne restait plus de traces de la caisse de bois ; celle de plomb s'était affaissée et entr'ouverte. Les ossements étaient rares ; cependant il en restait assez, d'après le rapport de MM. les officiers de santé dûment appelés, pour justifier de la fidélité de la tradition sur ce point. Recueillie simultanément de plusieurs bouches, elle ne variait dans aucune de ses principales circonstances.

Cependant, a-t-on observé, l'urne qui renfermait le cœur et le cénotaphe qu'on avait érigé dans la chapelle, ont été déplacés et transportés dans l'église ; pourquoi le corps ne l'a-t-il pas été ? C'est ce qu'il est difficile d'expliquer ; mais d'autres tems... d'autres soins... une autre administration... peut-être aussi regarda-t-on la translation de l'urne et du cénotaphe comme seule essentielle, parce qu'ils avaient leurs indices et que le corps n'en avait aucuns. (1)

(1) Cette urne, selon toute probabilité, fut détruite pendant la période révolutionnaire, en vertu de l'arrêté suivant du Conseil Municipal daté du dimanche 28 juillet 1793 :

... " Vu ensuite un autre réquisitoire du Procureur de la Commune du vingt trois du courant ;

Le Conseil Municipal arrête, qu'extrait du dit réquisitoire sera adressé au Citoyen Gouverneur Général, avec réquisition de faire détruire tous les emblêmes de la Royauté qui peuvent exister, tant au Gouvernement qu'en tous autres bâtiments appartenants à la République ;— Arrête pareillement que les mêmes emblêmes seront aussi supprimés soit à l'Église soit dans tous autres lieux où il peut en exister, ainsi que l'urne renfermant les cendres de la femme La Bourdonnaye à l'Église, le tout conformément à l'arrêté de l'Assemblée Coloniale du vingt-cinq février dernier."

Quoiqu'il en soit, cette concordance chez les contemporains a donné lieu de croire que les anciennes archives de la colonie pouvaient renfermer des pièces de nature à fixer l'opinion. En effet, on a trouvé au greffe les actes de décès de la mère et de l'enfant. Celui-ci était mort le 16 février 1738, à l'âge de 22 mois ; et la mère, sans désignation d'âge, le 9 Mai même année. (1)

Il est positivement dit, dans ces deux actes, que Mme de La Bourdonnaye et son fils ont reçu la sépulture

---

(1) Voici les deux actes de décès tels qu'ils se trouvent dans les registres du bureau de l'Etat Civil de Port Louis :

Sépulture de François Mahé de La Bourdonnay.

Le seizième jour du mois de Février 1738, je soussigné prêtre de la congrégation de la Mission, Curé de la Paroisse de St. Louis, au Port Louis de l'Ile de France, ai donné la Sépulture Ecclésiastique dans L'église de la dite paroisse au corps de feu François, âgé de vingt-deux mois, fils de Mr. François Mahé de La Bourdonnay, gouverneur des îles de France et de Bourbon, et de dame Marie, Anne, Joseph Lebrun de la Franquerie ses père et mère.

Fait ces dits jour et an que dessus en présence des témoins soussignés.

(Signé)   T. CROSTARD,—Prêtre.

(Signé)   FR. BER. GENAY,—Prêtre.

(Signé)   IGOU.

Prêtre de la Congrégation de la Mission,
curé de St. Louis.

Sépulture de Dame Marie Anne Joseph Lebrun, épouse de M. Mahé de la Bourdonnay, gouverneur.

Le neuvième jour du mois de May 1738, je soussigné prêtre de la Congrégation de la Mission, Curé de la paroisse de St. Louis, au Port-Louis de l'île de France, ai donné la sépulture ecclésiastique dans l'Eglise de la dite paroisse, au corps de la défunte dame Marie Anne Joseph Lebrun, épouse de M. Mahé de La Bourdonnaye, Chevalier de St. Louis, gouverneur pour le Roy des îles de France et de Bourbon.

Fait ces dits jour et an que dessus, en présence des témoins soussignés.

(Signé)   ST. MARTIN, G. CHEVALIER, prêtre, F. DANLOS, prêtre, AZEMA, GIBLOT, DUHOUX DES AGES, HARGENUILLER, DE MERVILLE DE SAINT-RÉMY, DE BELVAL et C. REYNAUD.

(Signé)   IGOU.

Prêtre de la Congrétation de la Mission,
curé de St. Louis.

ecclésiastique dans l'Eglise de la Paroisse. Il n'y a dès lors plus de doute que le bâtiment fouillé ne soit l'ancienne église paroissiale et le cercueil trouvé, celui qui renferme les restes de Mme de La Bourdonnaye. (1)

D'ailleurs, on infère avec raison de ce luxe de sépulture qui ne devait pas être commun dans le pays au temps dont nous parlons, qu'il n'a pu appartenir qu'à une personne de la première qualité dans l'île. Quarante ans plus tard, M. de La Brillanne. gouverneur-général des îles de France et de Bourbon, mourut, et je n'ai jamais entendu dire que son corps eût été mis dans un cercueil de plomb. (2)

L'identité ressortant donc ici parfaitement d'une tradition uniforme et de l'authenticité des actes émanés du greffe, la translation a été ordonnée. Elle a eu lieu le 26 Décembre dernier, à cinq heures de l'après-midi,

(1) Des documents trouvés depuis que cet article a été écrit, permettent d'établir que la première église paroissiale où le fils et la femme de Mahé de La Bourdonnais reçurent la sépulture en 1738 était située rue Royale à l'endroit où se trouve l'immeuble Delisse.

La chapelle du Conseil, construite pour que les membres du Conseil Supérieur pussent y entendre la messe "quand les affaires de la Compagnie le requéreraient," ne fut livrée qu'en Avril 1739, c'est-à-dire bien après la mort de Madame de La Bourdonnais et celle de son fils.

Cette chapelle fut placée sous le vocable de Ste. Anne en mémoire de Mme. de La Bourdonnais qui portait ce nom.

Il faut donc conclure que leurs restes furent réunis dans un même cercueil, transférés de l'église paroissiale à la chapelle Ste. Anne où ils furent découverts en 1827.

Cette translation dut avoir lieu le 9 Mai 1739, lorsque fut célébré dans cette chapelle le service " pour le bout de l'an ou anniversaire de défunte dame La Bourdonnais," ou à une autre date antérieure au 10 Août 1740. Un acte de ce jour, dressé par Me. Molère. notaire, contenant donation par La Bourdonnais à cette chapelle, de différents objets religieux, constate en effet que la tombe de Mme de La Bourdonnais s'y trouvait déjà.

(2) Antoine de Guiran La Brillane, remplaça le Chevalier de Ternay comme Gouverneur général des deux îles en 1776. Il mourut au Réduit, le 28 Avril 1779, à l'âge de 54 ans, et fut inhumé dans la chapelle sous le vent de l'église paroissiale de Port Louis.

avec toute la pompe que comporte le pays. Une garde
d'honneur formée des troupes de la garnison, précé-
dée de la musique militaire, ouvrait la marche. Suivait
le vicaire apostolique, curé du Port-Louis, à la tête du
clergé de la paroisse ; puis le cercueil que portaient des
marins du navire français la *Bonne Mère*, capitaine Ange-
nard, de St. Malo, patrie de la famille de La Bourdonnaye,
qui avaient demandé et obtenu cette faveur. L'honorable
A. W. Blane, membre du conseil et secrétaire en chef du
gouvernement ; M. Virieux, procureur général ; M. le
colonel Grant, commandant de la garnison, et M. Céré,
chevalier de l'ordre royal et militaire de St. Louis,
tenaient les cordons du drap.

Le cortège était composé de MM. les Magistrats de
la Cour d'Appel et de Première Instance, de MM. les
employés civils et militaires de tout rang, des membres
composant le Conseil de Fabrique de la paroisse, des
notables de la ville, et d'une grande multitude, qui put
à peine trouver place dans l'église, déjà occupée par une
foule de personnes qui l'y avaient devancé.

Les insignes du deuil avaient été déployés dans l'ancienne chapelle, transformée en chapelle ardente, au
milieu de laquelle reposait le cercueil. Des gants, des
crêpes, des bougies avaient été distribués à ceux qui
composaient le cortège au moment du départ.—La même
pompe avait été prodiguée dans l'église. Les murs,
depuis quelque temps nus et dépouillés dans les cérémonies
funèbres, avaient été couverts de draperies, emblèmes du
deuil. Si la génération actuelle n'a plus de signes exté-
rieurs de sa douleur et de sa tristesse pour ceux des

siens dont elle déplore journellement la perte, elle en a
du moins de son respect et de sa vénération pour les
pertes éprouvées dans un autre âge. Cet hommage était
dû, après quatre-vingt-neuf ans, aux cendres de Mme de
La Bourdonnaye. Le cercueil a été mis dans le tombeau
préparé pour le recevoir à peu près à la même place
qu'occupait le cénotaphe, avant la reconstruction de cette
partie des murs de l'Eglise.   (1)

On aurait désiré que le caveau eut été creusé dans sa
longeur, parallèlement au mur. Dans cette position, le
cénotaphe l'eut recouvert presqu'en entier ; ce qui **aurait**
évité à cette chapelle, qui est fort étroite, les crevasses
que le temps amène, quand le pavé repose sur des terres
profondément remuées ; et s'il nous est permis de dire
notre opinion, nous ajouterons qu'en cas qu'il soit question d'ériger dans le lieu une pierre d'inscription, elle

(1) Ce fut La Bourdonnais lui-même qui choisit l'emplacement où devait
être construite la nouvelle Eglise Paroissiale dédiée à St. Louis, celui là
même où s'élève aujourd'hui la Cathédrale, et qu'il désignait dès 1740 sur
le plan de la ville qu'il fit dresser par M. de Belval ingénieur au service
de la Compagnie. Cependant l'on ne peut assigner une date certaine
à la première construction de cette église. La plus ancienne mention
que nous possédons de son existence remonte à 1751. (D'Après de Man-
nevillette—Mémoires des savants étrangers présentés à l'Académie des
Sciences Vol. 47 ; Neptune oriental p. 20). En 1753, M. l'abbé de la
Caille, lors des observations astronomiques et géographiques qu'il fit dans
la colonie, se servit comme point de triangulation d'une de ses tours qui
n'avaient alors que six toises. Cette Eglise ne servit que peu de temps
aux besoins du culte. Le coup de vent de 1760 l'ébranla si fortement
qu'elle chassa sur sa base, et l'on dut cesser d'y célébrer les offices, et
retourner à l'ancienne Eglise de la rue Royale. Elle servit dès lors de
magasin à grains jusqu'à son entière destruction par le coup de vent du
9 Avril 1773. Par son ordonnance du 20 Juin 1774, Mr. Maillard Dumesle,
Intendant, établit une imposition annuelle sur les propriétaires d'em-
placements, les marchands et les cabaretiers de la ville, à l'effet d'obtenir
les fonds nécessaires à sa réédification.
A son arrivée dans la colonie en 1776, le Chevalier de la Brillane
rendit compte au Ministre du peu de décence de la *masure* qui à ce moment servait d'Eglise, si petite, écrivait-il, qu'elle pouvait à peine contenir 150 personnes ; il lui fit part de la nécessité de commencer les
travaux sans attendre les fonds suffisants, et en procurant une avance à

doit être placée, perpendiculairement entre le mur et le cénotaphe. Si elle recouvre la tombe, elle ne tardera pas à porter à faux et sera bientôt détruite.

Nous relèverons ici une erreur qui s'est glissée dans l'expédition de l'acte au greffe du décès de Mme de La Bourdonnaye. On y lit, dame Marie Anne Joseph Lebrun de la FRANQUOYE. Il faut lire FRANQUERIE.

Il était réservé aux dix années qui viennent de s'écouler, de multiplier pour nous les souvenirs de cette famille.

Quelque temps après l'incendie, M. Rondeaux, bâtissant sur le port, a trouvé, dans la coupe des massifs de coraux où il fondait son établissement, d'anciennes mines qui n'avaient point éclaté, chargées encore de leur poudre, et quelques petites pièces de monnaie de cuivre. On sait

la Paroisse. Son idée ayant été approuvée, les marguilliers adoptèrent en 1778 le plan que leur soumit M. Dayot ; et la première pierre de la nouvelle Eglise fut posée. Elle fut témoin des premiers orages de la Révolution. C'est là qu'eut lieu l'assemblée tumultueuse du 4 Février 1790 ; et les séances de l'Assemblée Coloniale qui s'y tinrent plus tard alternèrent avec les offices divins. Marat y eut les honneurs d'un service solennel.

Mais un mauvais génie semblait avoir élu domicile dans ses tours ; et de nouveau ses murs ayant été ébranlés et lézardés par des ouragans successifs, elle fut convertie en magasins vers 1801. La messe fut dite alors dans un grand magasin en bois situé sur la rive gauche du Trou Fanfaron détruit lui-même par l'incendie de 1816.

Cependant la nécessité d'un édifice décent et convenable n'avait pas échappé au général Decaen ; mais sa construction fut différée faute de moyens suffisants ; et ce ne fut que le 19 Août 1813 que la première pierre de notre Cathédrale telle qu'elle existe aujourd'hui fut solennellement posée par Lord Moira, gouverneur général de l'Inde, de passage dans la colonie. Elevée sur les anciennes fondations sous la direction de M. Poujade, architecte, la nouvelle Eglise conserva ses dimensions et sa structure premières. Respectée par le coup de vent de 1824 qui renversa tant d'édifices, elle fut sérieusement endommagée par le cyclone du 29 Avril 1892. Les passants peuvent encore constater sur ses murs les traces du terrible météore, et involontairement ils cherchent du regard l'horloge qui était placée entre les deux Tours et que ce funeste ouragan a détruite.

que les tours des ilots qui environnent le Port sont l'ouvrage de M. de La Bourdonnaye.

Lorsque vers le même temps, on a démoli le bastion
de l'hôpital, on a trouvé dans les fondations, une plaque
de cuivre gravée du nom de Mme de La Bourdonnaye.
C'était elle qui en avait posé la première pierre ; il y avait
74 ans, à l'époque où on l'a trouvée.

Il ne faut pas confondre cette dame avec celle dont
nous venons de parler. Le fondateur de la colonie avait
été marié deux fois. Il perdit sa première femme en
1738, retourna en France un an ou deux après, se rema-
ria et revint prendre le commandement de cette île en
1743.

C'est de cette seconde épouse qu'il est question dans
l'article précédent.

Les dates coïncident parfaitement : quatre-vingt-
neuf ans depuis la mort de la première femme, et quatre-
vingt-quatre ans depuis la pose de la pierre.

Les cinq ans de différence sont remplis par le départ
de M. de La Bourdonnaye, son nouveau mariage et son
retour dans la colonie.

De FROBERVILLE père.

§ 4

(1852—53)

Projet d'ériger une Statue a Mahé de La Bourdonnais.

L'idée d'ériger une statue à Mahé de La Bourdonnais avait été suggérée dans un Précis historique sur la colonie, inséré dans l'*Almanach de Maurice* de 1837.   A la page 4 on lit le passage suivant :

  " Cet homme illustre doit être regardé comme le " véritable fondateur de notre île, son nom devrait être " ici dans toutes les bouches, son souvenir dans tous les " cœurs, son portrait dans toutes les maisons, ses inté- " ressans mémoires dans toutes les bibliothèques, *et sa* " *statue sur notre Place d'Armes, à l'entrée de la ville* " *créée par lui.*" (1)

Cette idée fut émise de nouveau par Mr. Melchior Bourbon, rédacteur en chef du *Courrier du Port Louis*, dans un article éditorial de ce journal du 16 Décembre 1852.   Parlant de certains travaux d'embellissement qui se faisaient alors dans le Jardin de la Compagnie,

---

(1) Dans l'Avertissement qui précède ses "Renseignements pour servir à l'histoire de l'Ile-de-France," M. A. D'Epinay rappelle que son père M. Adrien D'Epinay écrivait dès le 30 Mars 1832 dans le *Cernéen* qu'il venait de fonder que La Bourdonnais " n'a pas encore une statue " qui apprenne, au moins à l'étranger que chez nous les cœurs ne sont " pas ingrats... Des temps meilleurs nous permettront, peut-être, d'ac- " complir ce vœu digne d'être le premier qui soit exprimé par notre " presse affranchie."

Mr. Bourbon suggéra d'y placer le buste en bronze de La Bourdonnais et termina ainsi son article :

" Mais comme compensation dans l'autre partie du Jardin, ne serait-il donc pas possible, convenable même, ne fut-ce que pour prouver que nous ne sommes point à Maurice aussi étrangers à l'art que pourrait le faire croire cette grotesque et antédiluvienne fontaine, de nous réhabiliter un peu aux yeux des étrangers qui visitent notre île, en plaçant au milieu de ce rond-point sans destination encore, un monument digne, vraiment digne de la colonie ?... Par exemple le buste en bronze de La Bourdonnais, le fondateur et le père de la Colonie, de celui qui a tout fait pour l'ancienne île de France...... qui jusqu'aujourd'hui, il faut bien le dire, n'a encore rien fait pour lui !

" Parcourez l'Ile en effet, et citez nous un monument durable et fondé en vue de l'avenir qui ne soit pas dû au génie et au dévouement de Mahé de La Bourdonnais ! La ville de Port-Louis, qui fait aujourd'hui la fortune et la gloire de notre Colonie, à qui la doit-on ? A Mahé de La Bourdonnais, qui—à quoi bon, rappeler ces détails historiques connus de tous ?—de l'Arsenal où était établi son Quartier-Général, fit apporter *la première pierre pour la bâtir, et le premier canon pour la défendre !*

" Mahé de La Bourdonnais, on peut donc le dire hardiment, fut pour l'Ile de France, aujourd'hui Maurice, ce que Pierre-Le-Grand fut pour la Russie, en fondant St. Pétersbourg.

" C'est donc sa statue en bronze qu'il faudrait placer et inaugurer au Jardin de la Compagnie, en reconnaissance et en souvenir du fondateur, du véritable créateur de l'Ile. Et nous avons la conviction, sans avoir besoin même de rappeler les généreux efforts de Lady Gomm pour restaurer et finir le tombeau du Général Malartic : que l'Honorable J. M. Higginson, avec cette libéralité de sentiments qu'on lui connaît serait le premier à nous aider dans cette œuvre de réparation d'un injuste et honteux oubli, dans cette œuvre de justice enfin !

" C'est donc avec une entière confiance que nous nous adressons aujourd'hui à tous les colons de Maurice, en leur demandant qu'une souscription soit immédiatement ouverte pour élever dans le Jardin de la Compagnie, une statue en bronze à Mahé de La Bourdonnais, avec cette épigraphe qui ne sera point menteuse, comme tant d'autres :

Au fondateur, au Père de la Colonie !

" Et cette idée, qui n'est pas nôtre, avouons-le humblement, nous l'émettons avec d'autant plus de confiance qu'elle nous a été suggérée dans une de ces bonnes familles qui abondent au Port-Louis, par une inspiration féminine, une de ces inspirations qui ne trompent jamais, parce qu'elles viennent du cœur."

L'appel du Rédacteur du *Courrier du Port-Louis* ne resta pas sans effet. Huit jours après avoir écrit l'article qui précède, il eut la satisfaction de recevoir la lettre suivante de l'Honorable G. Fropier :

Port-Louis, 24 Décembre 1852.

A Monsieur le Rédacteur du *Courrier*.

Monsieur,

Vous voudrez, j'en suis sûr, publier dans votre plus prochain numéro la lettre ci-jointe que Son Excellence le

Gouverneur m'a fait l'honneur de m'adresser le 20 de ce mois, car elle donne la plus haute approbation à l'heureuse idée que vous avez eue récemment, d'appeler les habitants de Maurice à élever un monument à la mémoire de Mahé de La Bourdonnais, et elle assure le succès de cette honorable inspiration.

Vous reconnaîtrez, avec moi, tout ce qu'il y a de grand et de sympathique dans la pensée de notre chef actuel de revendiquer la première place pour concourir à cet acte de reconnaissance publique, je dirais presque d'expiation d'une longue ingratitude, si cette ingratitude n'était pas plus apparente que réelle.

Ce n'est pas ici la place d'établir ce fait, ni d'expliquer les causes qui justifient cette absence de tout monument digne du grand homme que nous honorons comme le véritable fondateur de notre colonie, et qui, du moins, a toujours vécu au fond des cœurs des créoles, amis de leur pays.

Notre but aujourd'hui doit être d'appeler l'attention publique sur cette œuvre patriotique, et c'est en effet, après en avoir obtenu la permission de Son Excellence que je vous prie de publier sa lettre. Dans les premiers jours de Janvier, nous pourrons songer à réunir en meeting public les habitants de Maurice, pour les consulter sur les meilleurs moyens de mettre à exécution l'idée qui, après avoir germé dans les colonnes de votre journal, sous l'inspiration, avez-vous dit, d'une dame de ce pays, a été accueillie d'une manière si prompte et si généreuse par le Gouverneur.

Pour le moment, il suffira au public de voir l'empressement qu'a mis Son Excellence à ne vouloir être

devancée par personne en s'associant à votre pensée, et en
la secondant de sa protection, pour assurer à ce projet la
coopération de tous.

D'ici là aussi, vous voudrez, j'en suis sûr, nous faire
connaître la personne distinguée qui partage avec vous
l'honneur de l'initiative dans cette question ?   (1)

J'ai l'honneur d'être, etc.

G. FROPIER.

LETTRE DE SON EXCELLENCE LE GOUVERNEUR

Réduit, 20th December 1852.

My dear Sir,

It has often struck me, as strange and inconsistent
with the generous and grateful sentiments that pervade
the hearts of your countrymen, that no monument should
yet have been erected in honour of the great and good La
Bourdonnais whose universal benevolence and paternal
solicitude for the welfare of all classes of the people, were
no less conspicuous than the forethought judgment and
ability manifested throughout his administration.

My attention has recently been called to the subject
by some remarks that appeared in one of the local news-
papers, and if you think the public feeling in favour of

(1) Il ne nous a pas été possible de trouver le nom de la personne
distinguée dont il est question et qui d'après le Rédacteur du *Courrier*
habitait Port Louis. Nous savons seulement par une lettre publiée dans
la *Commercial Gazette* le 14 Juin 1859, que cette personne était une
demoiselle *A. O.*

the project would be so strong as to warrant the expectation, that funds sufficient for the purpose could be raised by subscription, I shall esteem it a privilege to be allowed to place my name at the head of the list and to promote the object by every other means in my power.

I am, very dear Sir,

Yours very faithfully.

J. M. HIGGINSON.

To the Honorable G. Fropier.

[TRADUCTION.]

A l'Honorable G. Fropier.

Mon cher Monsieur,

J'ai été souvent surpris, comme d'une chose étrange et incompatible avec les sentiments généreux et chevaleresques qui animent les cœurs de vos concitoyens, qu'aucun monument n'ait encore été élevé en l'honneur du grand et bon La Bourdonnais, dont la bienveillance universelle et la paternelle sollicitude pour le bien-être de toutes les classes de la population n'étaient pas moins remarquables que la haute prévoyance et l'habileté dont son administration offre tant de preuves.

Quelques remarques publiées dans un des journaux du pays ont récemment appelé mon attention sur ce sujet, et si vous pensez que le sentiment public en faveur de ce projet est assez manifeste pour donner l'assurance que l'on pourrait par souscriptions, trouver la somme nécessaire pour le réaliser, je considérerai comme un privilège de pouvoir inscrire mon nom en tête de liste, et d'en encourager le but par tous les moyens en mon pouvoir.

Je suis, très cher Monsieur, etc.

J. M. HIGGINSON.

Le Meeting eut lieu en effet le 20 Janvier 1853 à la Loge de la Triple Espérance et se passa dit le journal *Le Cernéen* " avec un ordre, une décence et un enthousiasme " de bonne compagnie qui ferait honneur à n'importe quel " peuple de grande ville européenne et qui prouve que " Maurice n'est pas aussi étrangère qu'on veut bien le dire " aux formes les plus libérales des gouvernements consti- " tutionnels. "

L'Honorable Maire du Port-Louis présidait l'assem- blée, ayant à ses côtés le général Sutherland. Huit résolu- tions furent proposées, développées, secondées et adoptées à l'unanimité : " La première, continue *Le Cernéen*, ayant " pour objet l'érection d'une statue dans l'endroit le plus " convenable de la ville en l'honneur de Mahé de La " Bourdonnais. Une souscription a été ouverte sur le " champ pour cet objet ; et l'Honorable Prosper D'Épinay " a placé en tête le nom de Son Excellence le gouverneur " M. Higginson, dont il s'est dit le mandataire, pour une " somme de £ 100 (500 piastres).

" Une neuvième et dernière résolution ayant pour " objet de remercier et de féliciter M. Higginson sur sa " glorieuse initiative, couverte d'applaudissements pro- " longés, a terminé à 6 heures ce mémorable meeting qui " avait commencé à 3 heures.

Nous donnons le texte de ces diverses résolutions et les principaux discours dont ils furent l'objet, que nous extrayons du *Cernéen* et de la *Commercial Gazette* :

— Première résolution, présentée par l'honorable Fropier, et appuyée par M. Furcy de Chazal :

Résolu qu'il sera élevé au Port-Louis une statue en bronze, représentant Bertrand François Mahé.

de La Bourdonnais, ancien Gouverneur de cette
île.

— Deuxième résolution, présentée par l'honorable P.
D'Épinay, Procureur et Avocat Général, et appuyée par
M. Robinson :

> Qu'une souscription sera ouverte, séance tenante,
> pour subvenir aux frais du monument à élever
> à La Bourdonnais.

— Troisième résolution, présentée par l'honorable
R. W. Rawson, Trésorier et Payeur Général, et appuyée
par l'honorable Lemière :

> Que le Maire de Port-Louis sera Trésorier de la
> souscription.

— Quatrième résolution, présentée par M. E. Dupont,
et appuyée par l'honorable West :

> Qu'un comité général directeur sera nommé et que
> les personnes suivantes, dont cinq formeront le
> quorum, seront priées d'en faire partie :

Général Sutherland,	MM. de Courson,
Hon : P. D'Épinay,	Lanougarède,
„ H. Kœnig,	Eug. Leclézio,
„ West, R. N.	J. Mallac,
„ Bayley,	Ulcoq père,
„ Rawson,	Staub,
„ Fropier,	Autard,
„ Lemière,	Chapman,
„ Léchelle	Channel,
Mgr. L'Evêque,	F. Kœnig,
Rev : Banks,	A. Pipon,
MM. N. Arnaud,	Savy,
Bourbon,	Vaudagne.
Carter.	

— Cinquième résolution, présentée par l'honorable Louys et appuyée par M. F. Kœnig.

> Qu'il y aura dans chacun des quartiers de l'île, un comité particulier chargé de solliciter et de recevoir les offrandes locales et de les faire parvenir au trésorier de la souscription.

— Sixième résolution, présentée par M. Ulcoq père et appuyée par M. E. Pipon :

> Que les personnes dont les noms suivent sont priées de faire partie des Comités de District :

Pamplemousses.

MM. Henri Bruneau,
C. Bourgault,
F. Carcenac,
L. Faduilhe,
Ch. Féline,
F. Langlois.

MM. Eug. Harel,
Théodore Sauzier,
Lambert,
Joson Couve,
Etienne Bouchet.

Rivière du Rempart.

MM. Baudot,
Ed. de Chazal,
Etienne Daruty,
Arthur Edwards,
Philibert Gouly,
Maurel.

MM. Mazery,
Peyrébère,
Raffray,
Ed. Rouillard,
Staub,
Jules Virieux.

Flacq.

MM. Beyts,
Blancard,
Constantin,
Janvier Desveaux,
Grivot, D. M.,
Numa Geffroy.

MM. Larcher,
H. Hardy,
Fleurant,
Ch. Montocchio,
A. Rey.

Savane.

MM. Benoit, D. M.,
Chaline,
Coriolis,
Latour de St. Ygest,
Brenan,
H. Pitot.

MM. Lamarque,
Emile Pipon,
Prudhomme,
Telfair,
J. Wilson.

Grand Port.

MM. R. C. Buttié,
Cloupet,
Lalouette,
K/Vern,
Maguire,
Martin Moncamp.

MM. Mollières,
Adelson Pierrot,
R. Rochecouste,
Robertson,
A. Vallet.

Rivière Noire.

MM. Carosin,
Chauvin,
Aug. Genève,
Husson,
Labutte,
Planeau.

MM. Herchenroder,
Couvois,
Rudelle,
Vigoureux,
Emile Carcenac.

Plaines Wilhems.

MM. Chéron,	MM. Thomi Martin,
Antelme,	A. Rivière,
Bolle,	Perrot,
Currie,	Eudoxe Roussel,
Dupont,	Marquay.
Fontenay père.	

Moka.

MM. Antelme père,	MM. Martial Noël,
H. Finniss,	Telfair,
Aimé Lesur,	Vigoureux,
Desveaux,	Em. Duvivier,
Rouessart.	de Boucherville.

— Septième résolution, présentée par M. Lanouga-rède et appuyée par M. Piston :

Que le Comité nommé par la quatrième résolution est chargé de faire tout ce qui sera nécessaire pour l'exécution de ce qui vient d'être arrêté, et plus tard de préparer dignement l'inauguration de la statue de La Bourdonnais.

— Huitième résolution, présentée par M. Arnaud et appuyée par M. Savy :

Que le même Comité directeur est autorisé à offrir à nos voisins de la Réunion et aux compatriotes de La Bourdonnais une occasion de témoigner par leurs souscriptions de leur respect pour sa mémoire.

— Neuvième résolution, présentée par M. Merven père ;

Que des remercîments seront votés à Son Excellence le Gouverneur.

" M. Fropier invité à prendre la parole pour développer la première résolution, avant d'entrer dans le sujet qui lui était confié, a cru devoir s'excuser d'usurper en quelque sorte un droit qu'il sentait ne pas lui appartenir, en remarquant dans la foule réunie au pied de la tribune, toute l'élite de notre société et tant de personnes ayant des droits acquis depuis longtemps aux sympathies des Mauriciens, et des titres à soutenir tout ce qui peut leur faire honneur. Après avoir expliqué les circonstances fortuites et tout honorables pour lui de la lettre du Gouverneur, qui l'avait désigné au choix du Comité Préparatoire formé de ces citoyens zélés qui ne font jamais défaut à l'intérêt public, il a ajouté que cette circonstance lui offrait une occasion naturelle d'exprimer ses remerciements, et il osait le dire, ceux de l'assemblée pour l'initiative toute sympathique de Son Excellence le Gouverneur. Il y a longtemps sans doute, a dit M. Fropier, que la pensée de payer à La Bourdonnais le tribut de reconnaissance pour lequel nous sommes réunis aujourd'hui s'est produite dans ce pays. Il serait plus vrai de dire qu'elle est toujours restée vivante au fond du cœur des créoles et de ceux qui depuis plus ou moins longtemps ont uni leurs destinées aux nôtres. Hier encore un journal nous rappelait que depuis bien des années, un de ces hommes de cœur que nous avons vu si longtemps à l'affût de toute idée bonne et utile à la colonie, avait exprimé dans un écrit public le désir de voir élever un monument à La Bourdonnais (1). Je serais bien coupable, a dit M. Fropier, d'oublier dans cette enceinte de rendre justice sur ce point à mes compatriotes. La toile que j'aperçois devant moi représente les traits de La Bourdonnais. C'est l'œuvre d'un des peintres les plus distingués de France. C'est une des plus belles peintures de nos salons et cette œuvre signée de Lépaul est un don d'un créole à jamais regrettable, d'un homme dont nous honorons profondément la mémoire, parce que toujours nous l'avons vu à la tête des entreprises les plus patriotiques et qu'aucune idée grande, noble, généreuse, ne lui était étrangère.

" Je vois à vos applaudissements que vous avez reconnu Adrien d'Epinay.

" Je n'insisterai pas pour prouver que bien d'autres, que tous peut-être, ont conservé vivante la mémoire de La Bourdonnais.

" Une des principales rues de notre ville, la seconde ville du pays, une des plus belles usines enfin, l'attestent suffisamment.

" Qui ne connaît la belle propriété La Bourdonnais ? Qui dans ces derniers temps, n'a visité cette ferme modèle de Maurice, dont les intelligents propriétaires marchent à la tête du progrès ?

" Avant de quitter ce sujet, je ne puis m'empêcher de vous rappeler, Messieurs, qu'un autre genre d'hommage

(1) M. Evenor Dupont

a été rendu à Maurice à la mémoire de La Bourdonnais par un savant modeste, un des zélés Vice-Présidents de notre Société des Arts et des Sciences, qui depuis tant d'années consacre ses travaux au bien-être de notre pays. M. Bojer a reconnu depuis cinq ou six ans déjà, parmi les plus beaux arbres de nos forêts, une espèce nouvelle dont il a décrit quatre variétés. Ces espèces, jusqu'alors confondues avec nos bois de Natte ou Minusops, ont reçu de lui le nom de *La Bourdonnaisia*, et ce nom consacré désormais par la science, élève à La Bourdonnais un monument peut-être plus durable que celui dont nous nous occupons.   (1)

" Quoi qu'il en soit, Messieurs, et précisément en raison de toutes ces pensées généreuses, mais jusqu'ici avortées, nous devons reconnaître que le sol n'était pas bien préparé pour les féconder. Elles sont mûres à présent, et les temps sont venus où notre projet ne rencontrera plus d'obstacle. Rendons donc justice à ceux qui en ont parlé sérieusement dans ces derniers temps, rendons justice au journaliste, notre hôte depuis lonptemps, (2) au Gouverneur dont l'empressement à s'assimiler cette heureuse inspiration a été tel que chacun a compris qu'il avait regretté d'avoir été devancé dans sa mission sympathique.

" Quelqu'empressé que je sois à rendre justice au

(1) L'espèce dont il est question a été appelée *Labourdonneia* et appartient à la famille des *Sapotées*. M. Bojer dans son ouvrage " Hortus Mauritianus " publié en 1837, décrit quatre variétés de *Labourdonneia* et accompagne ce nom de la note suivante :

(*) *Consacré à la mémoire du Gouverneur Labourdonnais qui fonda la colonie et y introduisit la canne à sucre, le manioc et plusieurs autres plantes utiles.*

(2) M. Melchior Bourbon dont il est parlé plus haut.

Gouverneur et au rédacteur du *Courrier du Port-Louis,*
je ne puis m'empêcher de vous exprimer que c'est avec
bonheur que j'ai appris de ce dernier que les paroles
retracées par sa plume étaient tombées d'une bouche
Mauricienne. Il vous l'a dit, Messieurs, c'est une femme,
c'est une créole qui a été son génie inspirateur.

" Loin de moi la pensée de tenir pour un seul instant
le burin de l'histoire, et de vous raconter la vie si connue
de Mahé de La Bourdonnais. Si cette pensée s'était un
instant offerte à moi, je m'empresserais de la repousser
en voyant confondus dans vos rangs les écrivains de ce
pays qui ont déjà esquissé à grands traits les annales de
de sa belle administration. Tout-à-l'heure, peut-être,
j'aborderai malgré moi la partie la plus triste de son
existence, afin d'en tirer, s'il était nécessaire, les raisons
déterminantes pour l'accomplissement de notre œuvre.

" Aujourd'hui que le flot des populations exubérantes
du vieux monde déborde sur le monde nouveau, en
Amérique, en Australie, pour y créer en quelques jours
des cités puissantes, y fonder des empires formidables, on
ne comprend pas bien toutes les difficultés que rencontra
Mahé de La Bourdonnais, quand en 1735 il débarqua
pour la première fois sur nos rivages. Mais si l'on se
rappelle que sans ressources pécuniaires, sans ouvriers, sans
ingénieurs, à l'aide de son seul génie et de sa propre
industrie, il fit surgir de terre la ville que nous habitons,
on comprendra que plus tard, il sut se placer au premier
rang sur de plus vastes théâtres, sur des scènes plus
enviées. Presque toutes les œuvres matérielles de La
Bourdonnais frappent encore nos regards. Les casernes

qu'il fit bâtir pour ses soldats, les forts qu'il improvisa, les quais, les chaussées dont il traça les plans, tout, jusqu'aux canaux, à l'aide desquels, il pourvut aux besoins de nos pères, sont encore debout pour nous rappeler qu'il fut le véritable fondateur de Maurice.

" Combien La Bourdonnais paya cher son bonheur d'un jour, les succès que lui prépara son génie à la Cour de France, comme dans les mers de l'Inde ! En but, dès le principe à l'opposition de cette faible Compagnie des Indes dont il venait faire les affaires dans ces contrées, il succomba plus tard sous la haine de ses rivaux, sous les sourdes calomnies de médiocrités jalouses.

" Je ne ferai pas d'invasion dans le domaine de la politique. Ce n'est pas à nous, d'ailleurs, Anglais du XIXme siècle, à regretter que les Français du XVIIIme, en méconnaissant des hommes tels que La Bourdonnais, tels que Dupleix, son rival si mal inspiré alors, aient perdu l'occasion, sinon de s'emparer de l'Empire de l'Inde, du moins d'y asseoir profondément leur prépondérance.

" En se plaçant au point de vue impartial de l'histoire, on ne peut s'empêcher de déplorer que le sang et les ressources d'un grand peuple soient vainement dépensés par un monarque indigne, fils d'un grand roi, par des ministres plus inhabiles, plus pusillanimes l'un que l'autre. Si quelqu'un de ces faibles directeurs de la Compagnie française des Indes sortait aujourd'hui de la tombe, il y rentrerait bientôt écrasé par la honte de voir les successeurs de leurs adversaires d'alors seuls maîtres des vastes contrées de l'Inde, seuls maîtres des cent millions d'âmes qui les peuplent.

" C'est ici, Messieurs, qu'il n'est pas oiseux d'aborder la vie de La Bourdonnais pour vous le montrer déchu de ses grandeurs, tombé du faîte du pouvoir jusque dans ces cachots de la Bastille, témoins de tant de crimes politiques. Combien amers durent être ses regrets quand pour défendre son honneur outragé, il se vit réduit à faire appel aux ressources de son esprit inventif. Il réussit toutefois, et après une longue captivité, sortit blanchi de la prison infâme qu'on lui donna pour récompense de ses nobles travaux. Mais il n'en sortit que pour végéter encore quelques jours, et mourir ; il en sortit dépouillé de richesses légitimement acquises, ruiné et n'ayant plus que la misère à faire partager aux objets de son affection. Ce qui dut être le plus pénible pour sa grande âme, ce fut de voir condamner au néant de l'impuissance les trésors encore enfouis dans sa tête. Ah ! sa malédiction s'étendit peut-être alors sur l'espèce humaine, quand il vit sa femme, ses enfants condamnés à l'indigence, ses proches, ses amis, la Villebague, Desjardins, victimes à cause de lui.

" On l'a dit souvent, Messieurs, on l'a répété à propos de La Bourdonnais lui-même, rien n'est plus grand, plus émouvant que le spectacle d'un homme illustre aux prises avec l'adversité. Si notre cœur est alors saisi d'une douleur poignante, c'est, j'ose le dire, lorsque nous nous sentons solidaire des torts de notre espèce. Hâtons-nous donc de les réparer autant qu'il est en nous à l'égard de Mahé de La Bourdonnais. Aucun des siens n'est plus là pour recevoir de nous une compensation à la misère du grand homme. J'aime à le dire, cependant, en 1799, notre assemblée coloniale si souvent calomniée, et qui nous a légué tant de beaux exemples à suivre, sut trouver dans ses minces ressources, le moyen de voter à Mme de Montlezun, petite fille de La Bourdonnais, une pension de 3,000 francs.

" C'est peu de chose, sans doute, en présence du luxe de notre époque, toutefois, je voudrais pour beaucoup que l'appel d'un autre descendant de La Bourdonnais eût rencontré il y a quelques années le même accueil de notre part. Ce n'est que hier, que personnellement j'ai connu cette circonstance douloureuse. Aujourd'hui, il ne nous reste que le regret de savoir que le malheureux a sans doute terminé dans l'indigence une existence dès lors rendue au dernier degré de la maladie.

" C'est une statue que je suis chargé de vous proposer d'ériger à Mahé de La Bourdonnais. Je le ferai de mon mieux, et j'espère n'avoir pas de grands efforts à tenter pour vous y décider. Cependant, je suis forcé de le dire, une question, un doute s'élève dans ma pensée. Ne serait-il pas plus digne du grand homme que nous voulons honorer, comme de nous-mêmes, de fonder sous son nom quelqu'institution charitable plutôt que de lui élever une simple statue ? Votre générosité peut lever la difficulté !

" Souscrivez beaucoup, et après l'accomplissement de notre première pensée, il restera peut-être quelque chose entre les mains de votre Comité pour réaliser la seconde.

" Nos places publiques sont dénuées d'embellissement comme notre ville d'institutions philanthropiques ; tâchons d'orner les unes et de doter nos malheureux d'un de ces asiles de la misère qui font participer les indigents au bien-être des plus favorisés.

" Je ne doute pas qu'un Comité soit nommé par vous
pour s'occuper de tous les détails relatifs à la statue de
La Bourdonnais. Vous lui abandonnerez sans doute le
choix de l'emplacement où elle devra s'élever. J'en sais
quatre entre lesquels on pourrait balancer : Le jardin
de la Compagnie que l'on a déjà cité ; le Champ-de-Mars
qui renferme déjà la dépouille mortelle de Malartic, ce
Gouverneur qui fut un saint sous l'habit d'un soldat ; la
cour d'honneur du Gouvernement, la place d'Armes enfin. Je ne chercherai pas à pressentir votre opinion, mais
je ne saurais résister au désir de vous dire la mienne.
Décidément je voudrais voir adopter la place d'Armes,
non pas seulement parce que dès l'abord, le voyageur
pourrait rencontrer sur notre plage les traits du fondateur
de Maurice, non pas seulement parce que cette affectation
permettrait, avec l'aide de la Municipalité sur le concours
de laquelle vous devez compter, d'embellir, de rafraîchir,
d'assainir cette place ; mais encore et surtout, parce qu'en
plaçant la statue de La Bourdonnais en face du Gouvernement, elle serait un encouragement pour nos bons Gouverneurs ; elle serait un reproche perpétuel, comme le
doigt de Dieu toujours levé devant les administrateurs
indignes, s'il nous était encore réservé d'en connaître ;
mais encore aussi, parce qu'en élevant à l'autre extrémité
de la place un piédestal vacant, il deviendrait le but de la
plus noble ambition, le point de mire des administrateurs
que nous aimons, et pourrait un jour nous valoir un autre
La Bourdonnais.

" Montrez-vous donc généreux, Messieurs ; souscri-
vons, nous tous descendants des administrés de La Bourdonnais ; souscrivez, vous aussi qui tirez votre origine d'un

pays dont il fut l'adversaire. Le peuple Anglais aime à reconnaître le vrai mérite partout où il se trouve, à honorer la mémoire des grands hommes. N'oubliez pas d'ailleurs que sa loyauté à l'égard de l'Angleterre est une des principales causes de sa disgrâce. Il voulut conserver intacte la foi jurée, il voulut rendre Madras aux termes de la capitulation, et la Bastille fut sa récompense. Nous tous Mauriciens, n'oublious pas que le fondateur de notre ville fut en même temps l'introducteur de la caune à sucre, du manioc et de tant d'autres plantes utiles ; de la canne surtout, à la culture de laquelle nous devons notre bien-être et nous devons de pouvoir jeter une obole sur la tombe de cet homme illustre pour lui ériger un monument de reconnaissance, je dirai presque d'expiation.

" Loin de ces contrées qui ont depuis si longtemps le privilège de la civilisation, perdus que nous sommes au milieu des mers, d'où notre regard contemple avec épouvante l'étendue de la route qui nous sépare plus encore du progrès que de la mère patrie ; faisons du moins que les traits d'un grand homme apprennent à nos enfants que par la seule force de la volonté, qu'en quelque lieu que ce soit, à l'aide de la persévérance et du courage, on peut réussir à se créer un renom digne des plus grandes ambitions, un renom qui, comme celui de La Bourdonnais, survive à notre enveloppe périssable et défie l'oubli des siècles."

———

" L'honorable Procureur et Avocat Général fait précéder la lecture de la deuxième résolution d'une éloquente improvisation dont nous craignons d'affaiblir les passages les plus brillants, privés que nous sommes du secours d'un sténographe français.

" La manifestation du sentiment public à laquelle cette réunion a donné lieu", dit M. P. d'Epinay, " est déjà un éclatant témoignage du mérite de l'homme illustre en faveur de qui elle a été provoquée. Mon premier mouvement à mon entrée dans cette enceinte me portait à justifier cette assemblée et les générations qui nous ont précédés, dans notre désir d'offrir un tribut de recon- naissance à la mémoire de l'illustre fondateur de cette colonie. Mais d'après la manière généreuse dont ce sujet a été traité, je suis fier de dire que jamais justification n'a été plus inutile ; jamais le sentiment public en faveur d'un être chéri et respecté ne s'est manifesté avec plus d'éclat et de respect que dans la réunion à laquelle je m'adresse. Il me sera sans doute permis, Messieurs, d'emprunter quelques-unes des paroles de l'orateur qui m'a précédé pour faire observer que la preuve des titres de Mahé de La Bourdonnais à notre reconnaissance, abonde de toutes parts. La seconde ville de l'Ile porte son nom. Une de nos plus belles propriétés sucrières s'appelle " La Bourdonnais ", soit parce qu'il y a résidé autrefois, ou parce que le propriétaire de cet Etablisse- ment a voulu perpétuer sa mémoire, c'est ce que j'ignore. Son nom est aussi attaché à une des principales rues de la ville, et Messieurs, quelques-uns des bâtiments qui fréquentent notre Port et un entre autres pas plus tard qu'hier, vient d'un Archipel situé à quelque distance de cette île, qui perpétuera éternellement le nom de Mahé de La Bourdonnais. D'autres endroits de cette île conservent aussi son souvenir.

" Qu'on ne suppose pas cependant, que parce que **la**
population de cette colonie est autre que ce qu'elle **était**
autrefois, nous sommes réunis pour témoigner de **notre**
reconnaissance envers sa mémoire. Cette manifestation **du**
sentiment public s'exprime aujourd'hui d'une manière
différente que ne l'ont fait nos pères, par rapport au **temps**
et aux circonstances. Dans le siècle où nous vivons, **une**
impulsion générale et instinctive porte tous les peuples **de**
l'Europe à ériger des monuments pour glorifier la mémoire
de ceux qui ont rendu des services à leur pays. Messieurs **,**
c'est l'éveil de cette impulsion instinctive qui **dirige**
aujourd'hui la population Mauricienne. C'est non-seulement
sous l'influence de ce sentiment public dont je viens **de**
parler que nous sommes réunis ici, c'est non-seulement
sous l'influence de motifs purement nationaux ou d'orgueil
que nous sommes maintenant ici ; mais nous venons **ici**
aujourd'hui pour obéir à cette impulsion universelle **et**
irrésistible du siècle, qui inspire à nos cœurs le **désir**
d'exciter les générations présentes et futures à imiter **de**
grandes et bonnes actions par la consécration d'un monument impérissable à la mémoire d'un acteur de ce **passé**
glorieux et impérissable. Jusqu'ici le monument que **nous**
avons élevé à La Bourdonnais n'existait que dans nos cœurs.
Maintenant, donnons-lui asile sur une de nos places
publiques, afin qu'il puisse avoir une existence palpable.

" Il n'est pas nécessaire, Messieurs, que je retrace les
titres de ce grand homme à notre respect et **à notre**
reconnaissance.

"L'éloquent orateur qui m'a précédé s'est déjà acquitté

de cette tâche. D'ailleurs, la vie publique de La Bourdonnais peut se résumer en quelques mots relativement à
l'objet de cette réunion et aux sentiments qui l'ont
provoquée. En parlant de lui, je me bornerai à ce qui a
rapport à cette colonie.

" Sa présence sur le théâtre du monde ne constitue
pas une époque dans l'histoire par quelque changement
important dans les usages et les coutumes du peuple qu'il
a gouverné. Aucun acte éclatant, aucune découverte
remarquable, n'ont signalé son administration ; aucune
mesure extraordinaire due à sa sagesse de législateur, n'a
rendu son nom cher à la communauté ; c'est à l'exercice
des vertus sociales et civiques qu'il a principalement dû
ses succès et assuré le bonheur du pays qu'il avait été
appelé à gouverner. On nous dit que La Bourdonnais
avait été le fondateur de cette colonie. Il l'a été, en effet,
par l'exercice de son génie remarquable, et de brillantes
facultés dont il était doué. Il a été son fondateur en
présence des obstacles les plus extraordinaires, obstacles
qu'il n'a cessé de rencontrer dans toute sa carrière
coloniale. Tombé ici, au milieu de difficultés qui auraient
été insurmontables pour un esprit ordinaire, sans artisans,
sans moyens de travail d'aucune sorte, avec les ressources
les plus bornées, son génie fertile lui fit trouver dans chaque
soldat et dans chaque matelot, un travailleur au besoin. Il
fit plus, sous son administration, le noir, sauvage et
ignorant, devint un précieux et habile ouvrier. Tout
cela fut l'œuvre de son vaste génie et de son énergie
inébranlable.

" Mais pour ne pas trop empiéter sur votre temps,

Messieurs, je vais lire une note d'un créole qui autant ou
plus que tout autre a contribué à la gloire de son pays,
et à la mort regrettée duquel les lauriers dont son départ
prématuré de cette vie n'avait pas permis de couronner
son front, ont été placés sur sa tombe par ses concitoyens.
J'ai déjà nommé Thomy Pitot. Cette note a été probablement rédigée, à l'occasion d'une réunion, à laquelle un
grand nombre d'habitants de cette colonie assistaient,
destinée à célébrer l'achèvement du siècle qui a précédé la
prise de l'Ile. Je lis cet extrait dans un journal anglais.
Est-ce Thomy Pitot qui a adressé cette note au journaliste
anglais, ou a-t-elle été copiée d'une gazette française dans
le but louable d'honorer la mémoire d'un homme illustre ?
Je ne sais, mais voici cette note :

" — La Compagnie de l'Inde ne tarda pas à s'apercevoir combien étaient faibles les avantages qu'elle retirait
de cette Ile, comparativement aux dépenses qu'elle était
obligée de supporter, et plus d'une fois elle délibéra pour
savoir s'il ne serait pas préférable de suivre l'exemple des
Hollandais, et d'abandonner l'île aux noirs marrons qui
l'infestaient. Cet évènement aurait eu lieu, suivant toutes
les probabilités, un peu plus tard, si le célèbre Mahé de
La Bourdonnais n'y avait pas été envoyé avec le titre de
Gouverneur Général des Iles de France et de Bourbon.
Il trouva la première de ces colonies dans la plus déplo-
rable condition, habitée par quelques personnes turbulentes
qui détestaient à la fois la paix et le travail. Elles le
flattèrent tant qu'il fut présent, mais accumulèrent sur
lui l'insulte et la calomnie dans son absence. Il fit peu
d'attention à ce qu'on disait ou pensait de lui, mais exigea

de tous l'obéissance la plus complète. Il reconnut l'importance qu'obtiendrait cette île, si elle était convenablement colonisée, et se mit à l'œuvre sans compter sur les remerciements de ceux pour qui il travaillait. Son premier soin fut d'introduire un certain nombre de Malgaches qu'il rompit aux habitudes du travail, dont il réussit à faire de bon soldats, et avec l'assistance desquels il força les marrons à se soumettre ou à abandonner la colonie. Il apprit aux habitants à cultiver leur terres avec succès. Il construisit un aqueduc pour transporter l'eau au Port, et dans un pays où avant son arrivée on ne pouvait faire un canot, il créa un vaste chantier de marine où il construisit non seulement des goëlettes et autres bâtiments de ce genre, mais d'où il fit lancer un navire de 500 tonneaux. Quelqu'incroyable que cela paraisse, il est certain que dans l'espace de cinq ans, il fit de cette île sauvage et longtemps négligée, un vrai paralis, quoi qu'il eut à lutter contre la nature, contre les habitants de cette colonie et tous les obstacles imaginables. M. de La Bourdonnais à son retour éprouva un injuste traitement de la part des Directeurs de la Compagnie des Indes, mais il réussit à exposer au cardinal Fleury, les choses sous leur véritable jour, et força la Compagnie sinon à récompenser, du moins à reconnaître les services qu'il avait rendus. Il revint dans l'Inde et acheva l'œuvre qu'il avait commencée.

" C'est à lui que l'Ile de France est redevable de l'avantage d'être une des colonies les plus importantes du globe—. "

" Quand on réfléchit, Messieurs, de la bouche de qui sont tombées ces paroles, vous reconnaîtrez avec moi qu'il

est impossible de les accuser de flatterie, ce n'a pu être
non plus un mouvement d'orgueil colonial qui a porté à
reproduire ces nobles sentiments, car nous les trouvons
cités par un étranger, par un écrivain Anglais, dont le
seul objet ne pouvait être que de rendre un juste tribut
d'éloges à un si grand homme. Elles portent avec elles
un cachet de vérité qu'il est impossible de méconnaître.
Le mérite particulier de La Bourdonnais consiste donc
à être le fondateur de cette colonie, et j'emploie ce
mot dans sa plus large acception. Il fonda la colonie au
milieu de difficultés telles, qu'il fallait un homme du plus
grand génie pour les surmonter. La Bourdonnais trouva
moyen de créer une colonie là où les Hollandais, si avancés
dans l'art de la colonisation, avaient échoué. On a dit
que les français n'étaient pas un peuple colonisateur. La
Bourdonnais doit être considéré comme une exception,
car il a été l'organisateur, le colonisateur par exemple.
En retraçant ainsi les services rendus par lui, ses efforts
pour faire de cette colonie un des plus beaux fleurons de
la couronne à laquelle elle appartient, mérite que per•
sonne ne cherchera à lui contester ou à atténuer, je ne
veux pas, cependant, diminuer les mérites des autres. La
Bourdonnais pouvait manquer de quelques-unes des capa-
cités qu'on exige aujourd'hui des Gouverneurs; mais
lorsqu'on réfléchit aux immenses efforts qu'il a dû faire,
efforts accomplis avec un courage et une persévérance
couronnés par la création d'une colonie riche et prospère,
personne ne peut mettre en doute la grandeur de son
génie, et sa facilité extraordinaire à lutter contre les
obstacles qui l'environnaient.

" Nous ne devons pas oublier non plus que dans le

siècle où nous vivons les Gouverneurs coloniaux sont entourés de tous les éléments nécessaires aux succès. Combien sa position à lui était différente ! Il était privé de toutes ressources pécuniaires et administratives. Il n'avait à sa disposition aucune de ces grandes découvertes de la science et de la civilisation ; environné d'un côté par des bandes de marrons sauvages, portés naturellement à des actes de dévastation et de pillage, et de l'autre par une population clairsemée, nourrie dans des habitudes d'indolence, son mérite n'en a été que plus remarquable et lui donne des titres à la gratitude éternelle, non seulement de ses successeurs immédiats, mais encore des générations futures. Le trait caractéristique de la vie de La Bourdonnais et qui signale sa mémoire à l'admiration, était son respect invariable pour le principe du devoir. C'est là, on se le rappelle, entre autres qualités distinguées, le trait prédominant et distinctif du caractère de l'homme illustre dont l'Angleterre déplore maintenant la perte.

" La réunion à laquelle nous sommes convoqués, Messieurs, a une particularité très significative. C'est Son Excellence le Gouverneur qui a exprimé le désir d'associer son nom à l'objet de ce meeting (1.) Déjà, dans une circonstance semblable, une noble et généreuse dame, femme d'un de nos Gouverneurs, guidée par les plus nobles sentiments, a stimulé la reconnaissance des Mauriciens. Le monument qui décore aujourd'hui le Champ-de-Mars, et qui surmonte les restes du brave général Malartic est le fruit de ces nobles sentiments.

" Je n'ai pas besoin de dire, Messieurs, que la recon-

(1) Sir James Macaulay Higginson, gouverna la colonie du 8 Janvier 1851 au 14 Avril 1854 et du 17 Juin au 11 Septembre 1857.

naissance du peuple envers cet homme de bien préexistait profondément dans tous les cœurs. L'appel de cette noble dame a suffi, plus que suffi, pour la mettre en action, et vous avez immédiatement acquitté votre dette en achevant le monument qui témoignera auprès de la postérité de la noblesse de votre caractère.

" Nous ne devons pas non plus oublier que l'origine de la noble idée qui nous occupe est émanée du beau sexe si fertile en pensées généreuses. Son Excellence le Gouverneur, guidé par la même inspiration et par le désir de laisser derrière lui un souvenir de son administration, a consulté les annales des Gouverneurs de Maurice, pour y trouver celui qui s'était le mieux acquitté de ses devoirs importants et sacrés. C'est ainsi qu'il est tombé sur l'histoire de La Bourdonnais.

" Il a reconnu en lui un homme exclusivement dévoué aux intérêts de la communauté, un homme d'un génie noble et éclatant, bon, humain, généreux, économe des ressources du peuple, et prodigue jusqu'à l'excès quand les souffrances de l'humanité ou le bien-être public faisaient appel à ses sympathies. Notre Gouverneur actuel marche sur ses traces et brûle sans doute de l'ambition d'être le La Bourdonnais de son temps. Que le plus bel éloge de mon administration, a dit Son Excellence, soit perpétué dans un monument à La Bourdonnais.

" Et maintenant, Messieurs, après avoir manifesté le désir si libéral d'ériger un monument à la mémoire de ce bon et grand Gouverneur, je n'ai pas besoin de vous rappeler que nous ne devons pas perdre de vue les moyens de réaliser ce désir. Il ne peut y avoir d'autre moyen pour y arriver, qu'une souscription volontaire à laquelle, je n'en doute pas, chacun de vous contribuera en proportion de ses moyens où de l'intérêt qu'il porte à l'objet de la question. Son Excellence avec sa générosité ordinaire, a voulu être le premier à donner l'exemple, non du sacrifice, mais d'une libéralité généreuse, et Elle m'a chargé de l'honorable et agréable mission d'inscrire son nom sur la liste pour une souscription de £ 100, et d'associer ainsi son nom à l'érection d'un monument à La Bourdonnais, qui vivra encore lorsque ce siècle et les siècles suivants se seront évanouis."

"L'Honorable Rawson, secondé par M. Lemière, présente en anglais la troisième résolution :

"I have been requested to propose a Resolution at the present meeting, and I do so with the greatest satisfaction, for it is a pleasure to me to add my tribute of respect to the memory of so great a citizen of the world as La Bourdonnais.

"Long before I came here, or ever cherished the hope of treading the fair shores of Mauritius, I had heard of and venerated his name, as that of a man known to the world as a hero of world-wide fame, and therefore a countryman of my own. Now, as a resident of Mauritius, I am delighted to have an opportunity of expressing my admiration of his character and merits. It would ill-become me, in a meeting of Mauritians, to remind you of the claims of La Bourdonnais. Still less would it become me to attempt to enumerate them after the eloquent adresses you have heard. I therefore repeat the satisfaction I feel in taking a part in these proceedings and in acquitting myself of the charge that has been imposed upon me. Gentlemen, no two citizens of this town are likely to take a greater interest in the present object, than its two first Magistrates.

" Whether it be decided to erect a monument to La Bourdonnais in a fine work of art which shall adorn one of our public places,—or whether it shall be determined to found an Institution (and I was very glad to hear this idea suggested by Mr. Fropier) which shall not only adorn the town, but do honour to the island at large in contributing to the happiness and well being of some of the descendants of the colleagues and friends of La Bourdonnais—Whichever of these plans be decided on, I am quite sure that no one will feel a greater interest in the accomplishment of the object, than the Mayor and Deputy Mayor. I therefore propose with much pleasure that the Resolution be adopted.

[TRADUCTION.]

On m'a prié de présenter une résolution à ce Meeting, et je le fais avec la plus grande satisfaction, car c'est pour moi un plaisir d'apporter mon tribut de respect à la mémoire d'un aussi grand citoyen du monde que La Bourdonnais. Longtemps avant mon arrivée ici, et avant même que j'aie nourri l'espoir de fouler les beaux rivages de Maurice, je connaissais son nom et le vénérais comme celui d'un héros connu du monde entier et jouissant d'une réputation universelle, et par conséquent comme un de mes propres compatriotes. Aujourd'hui que j'habite Maurice, je suis charmé d'avoir l'occasion d'exprimer mon admiration pour son caractère et ses mérites. Il ne m'appartiendrait pas, dans cette réunion de Mauriciens, de vous rappeler les titres de La Bourdonnais à votre reconnaissance. Il m'appartiendrait encore moins d'essayer de les énumérer après les éloquents discours que vous venez d'entendre. Je réitère donc l'expression de la satisfaction que j'éprouve à prendre part aux délibérations de cette réunion et à m'acquitter de la tâche qui m'a été dévolue. Il n'est pas probable, Messieurs, que cette ville compte deux habitants s'intéressant plus que ses deux premiers magistrats à l'objet qui nous occupe. Soit que l'on se décide à ériger un monument à La Bourdonnais, sous forme d'une belle œuvre d'art qui embellira une de nos places publiques,—soit que l'on préfère, fonder une institution (heureuse idée émise par M. Fropier) qui non seulement ornera la ville, mais fera aussi honneur à l'île entière tout en contribuant au bonheur et au bien-être de quelques-uns des descendants des compagnons d'armes et des amis de La Bourdonnais ; quel que soit enfin le projet auquel on s'arrêtera, je suis sûr que personne ne s'intéresse, plus vivement que le Maire et l'Adjoint Maire à la réalisation de ce projet. Je propose donc avec un grand plaisir que cette résolution soit adoptée.

" M. Dupont chargé de proposer la quatrième résolution, le fait à peu près en ces termes :

Messieurs,

" Il y a quelques années, le Gouvernement français pris d'une idée généreuse, au moment où il venait de terminer la construction de trois steamers remarquables par leur force et leur vitesse, mettant de côté le sentiment étroit des jalousies nationales, nomma le premier *Descartes*, du nom du grand écrivain français, le deuxième, que nous avons vu, il y a quelques années à Maurice, le *Cassini*, du nom d'une des illustrations de l'Italie, et l'autre, le *Newton*. Un journal Anglais, le *Times*, fut aussi frappé de cet acte de la nation française, et faisant appel aux sentiments généreux du peuple anglais, exprima l'espoir qu'on verrait aussi l'Angleterre baptiser ses steamers du nom des grands hommes de la France.

" C'est, sans aucun doute, un sentiment de cette nature qui a porté notre Gouverneur à appuyer de son nom

et de son influence, l'idée d'élever une statue en l'honneur
de Mahé de La Bourdonnais. Et je suis fier d'avoir, il y
a quinze ans, ainsi qu'un journal le rapportait hier, demandé le premier qu'on décernât cet hommage au fonda-
tenr de la colonie.

" Les orateurs qui m'ont précédé vous ont dit tout ce
qu'il a fait pour ce pays; je ne suis pas assez maladroit
pour revenir sur ce qui a été si bien dit; permettez-moi
seulement de vous citer une simple anecdote :

" A l'époque où La Bourdonnais prit le commandement de l'Ile de France, ce que nous appelons aujourd'hui
le Port Louis, cette belle cité de 60,000 âmes, s'appelait le
Camp, et se composait tout simplement d'une soixantaine
de misérables soldats de la Compagnie, continuellement
sur le qui vive, traqués qu'ils étaient par les noirs marrons réfugiés dans ce que nous appelons aujourd'hui le
Champ-de-Mars, qui mettaient le feu aux grandes herbes,
et tenaient ainsi les soldats en alerte perpétuelle. Tout
près de là sur un ruisseau limpide alors, et longeant la
maison Perrot (1) se trouvait un endroit, recouvert depuis, et qu'on nommait la chûte ; c'était là, en effet, que le
chasseur venait attendre le cerf poussé par la meute.
Ainsi un camp de soixante hommes, un rendez-vous de
chasse et de noirs marrons, tel était le Port-Louis lorsque
La Bourdonnais débarqua dans l'Ile ! Ce qu'il a fait, vous
le savez, on vous l'a rappelé. Mais qui a fait, qui a créé
la principale industrie de Maurice ? Qu'on supprime votre
industrie sucrière, que serait Maurice ? Rien. Ces richesses, à qui les doit-elle ?........à La Bourdonnais. Cette

(1) Cette maison se trouve à l'angle septentrional des rues Pope
Hennessy et du Hasard.

ville de 60,000 âmes, cette cité commerçante qui n'était rien avant lui, savez-vous bien sa valeur aujourd'hui ? Le cadastre de la Municipalité porte l'estimation des immeubles de la ville à sept millions de piastres. (1) C'est donc au créateur de vos fortunes même que vous allez élever aujourd'hui un monument digne de lui. Et ce ne sont pas seulement les colons dont les ancêtres ont vu La Bourdonnais, qui veulent aujourd'hui lui rendre un juste hommage ; tout-à-l'heure vous entendrez, pour m'appuyer, un anglais d'origine, (2) un marin qui a combattu à Trafalgar, près de Nelson, le même qui, lors du banquet donné aux officiers de la *Reine du Sud*, rendait hommage au génie de La Bourdonnais en attestant le portrait que je vois en face de moi.

" Colons de toutes les origines et de toutes les positions, nous sommes donc tous d'accord. Mais où placerons-nous la statue de cet homme qui fut le père du pays ? Sera-ce au Jardin de la Compagnie, comme un journal le proposait il y a quelques jours ? Il me semble que ce serait, en quelque sorte, cacher sous les arbres celui que nous voudrions faire voir à tous.

" J'avais proposé, il y a quinze jours, et l'Hon. M. Fropier appuyait cette même idée tout-à-l'heure, idée que je puis qualifier d'heureuse, puisqu'elle est partagée pa run esprit aussi distingué, j'avais proposé, dis-je, de placer la statue du grand homme à l'endroit où finit le Port, et où commence la ville, sur la fontaine qui, alors lui servirait

(1) Elle est aujourd'hui de près de dix huit millions de Roupies non compris les bâtiments publics.
(2) L'Honorable West R.N.

de piédestal, afin que la première pensée qui frappât le voyageur débarquant sur nos rives, fût cette pensée de reconnaissance au bienfaiteur du pays, afin qu'il fût vu de tous, et salué le premier de la terre et de la mer, lui qui fut aussi un marin, et qui, plus d'une fois, ramena dans notre Port de glorieuses escadres.

" Mais aussi, cette idée de placer la statue du grand homme sur l'un des côtés da la Place d'Armes, l'autre côté restant vide comme pour attendre l'hommage que la Colonie juste et reconnaissante rendra à celui qui fera son bonheur dans le présent ou dans l'avenir, cette idée, dis-je, me séduit aussi et je m'arrête hésitant entre les deux positions désignées.

" C'est au Comité que vous allez nommer, Messieurs, qu'il appartiendra de décider.

―――――

" L'Honorable Capitaine West en appuyant la proposition de Mr. Dupont a dit :

" On an occasion like this, I have but little to add. So much has been already said by others who are gifted with the powers of oratory, and to which I can lay no claim, that I shall not detain you longer than to say, that I feel proud as an officer of the British Navy to pay homage to the memory of a great man who belonged to the navy of France. He, like myself was a sailor, and I am delighted to meet you on this occasion. When I reflect upon all the difficulties with which La Bourdonnais had to contend in his arduous career, the mishaps which befell him, and yet his extraordinary successes amidst all these, it makes me glory to know that he was a naval officer. I trust this occasion will meet with that ample success it deserves. I trust that the people of this colony will put their hands into their pockets, and shew that Mauritians can be liberal and generous : for the accomplishment of the object for which we are met must tend to the great glory and blessing of Mauritius."

[TRADUCTION]

Dans une circonstance comme celle-ci, j'ai peu à ajouter. Tant de choses ont été déjà dites par d'autres doués d'un talent oratoire auquel je ne puis avoir aucune prétention, que je ne vous retiendrai que pour vous dire que je suis fier comme officier de la marine anglaise de rendre hommage à la mémoire d'un grand homme qui appartenait à la marine française. Comme moi La Bourdonnais était marin ; et je suis enchanté de me joindre à vous dans cette occasion. Quand je pense aux difficultés qu'il eut à surmonter dans sa laborieuse carrière, aux déceptions qu'il éprouva, et aux succès extraordinaires qu'il remporta néanmoins dans de telles circonstances, je suis fier d'apprendre qu'il était officier de marine. Je suis persuadé que le but que nous proposons ici sera atteint avec tout le succès qu'il mérite. J'espère que les habitants de cette Colonie mettront la main à la poche et feront voir que les Mauriciens peuvent être libéraux et généreux car la réalisation du but pour lequel nous sommes réunis doit tendre à la grande gloire de Maurice.

M. Piston développe ainsi la septième résolution :

" Messieurs,

" Votre Comité m'a fait l'honneur de me charger de la septième proposition ; mais l'heure s'écoule, le sujet semble épuisé et le premier mérite de l'orateur en ce moment c'est la concision ; je m'efforcerai d'avoir du moins ce mérite. Il est téméraire de prendre la parole après les voix éloquentes que vous venez d'entendre et le brillant tableau qu'on vous a présenté de la vie de La

Bourdonnais. Il me reste pourtant à glaner encore quelques belles pensées et quelques actes éclatants sans lesquels ce tableau ne semblerait pas complet. La vie de La Bourdonnais est l'enseignement d'une grande vérité : " Les grandes joies s'achètent au prix des grandes douleurs ; et l'on ne saurait être le bienfaiteur de l'humanité sans en être le martyr. Vous élevez une statue à La Bourdonnais, ce n'est point une statue que vous élevez seulement au génie, mais encore à la bravoure, à la bonté et à la droiture !

" La Bourdonnais de son premier regard d'aigle, avait, vous le savez, fixé les destinées de notre île. Il y voyait une citadelle maritime, la Gibraltar des Indes ; une magnifique plantation agricole, et en même temps un entrepôt central des trois continents, l'Inde, l'Amérique et l'Europe. Son génie militaire ? De quel côté pouvez-vous tourner vos regards sans rencontrer quelques uns de ses travaux. Ce retranchement voisin de notre défense naturelle, la Rivière des Lataniers, qui lie le mamelon de la batterie Dumas à la mer, n'est-ce pas le premier rempart derrière lequel s'est abritée notre ville naissante ? Ce bloc basaltique qui couronne notre Montagne des Signaux, une muraille qui la réunit à la batterie du Fort Blanc, quoique les vestiges mêmes en soient effacés, ne défendait-elle pas l'autre côté de la ville ? Je ne parle pas de deux batteries à feux croisés, qui protègent l'entrée de notre Port. Enfin cette chaîne de fortifications dont les anneaux s'étendent de la Pointe aux Canonniers jusqu'aux dernières sinuosités de notre Port, et qu'on admirait quelques années après, n'est ce point l'exécution de sa pensée ?

" Vous citerai-je l'Arsenal, premier atelier industriel
créé à l'embouchure d'une des rivières voisines du Port-
Louis, d'où sortit la première pierre qui servit à construire
la ville, et où il s'est fondu plus de canons qu'il n'en a tonné
peut-être sur la mer des Indes ?. Ai-je besoin de vous
parler de ces deux Chaussées parallèles entre lesquelles
il imagina d'enclore le bassin du Port, et de cette citadelle
qu'il voulait placer comme l'aire d'un aigle sur le plateau
du Pouce, comme un refuge inexpugnable d'où le pavillon
français pourrait encore flotter, comme une espérance,
sur la colonie tombée au pouvoir des ennemis ? Ce n'est
pas tout, et comme si ces précautions matérielles ne
suffisaient pas à la défense, une haute pensée militaire
détermina son option pour le chef-lieu entre nos deux
Ports. Il lui fallut un auxiliaire et un allié puissant,
et cet auxiliaire et cet allié, ce fut un élément, le souffle
des vents. Les vents généraux de l'Ile poussaient à pleine
voile une flotte ennemie dans le Grand-Port, tandis qu'ils
la repoussaient du Port-Louis et la tenaient, à l'aide de
sa ceinture de madrépores, sous le canon de son artillerie.

" Vous rappelerai-je ces revues militaires du Champ-
de-Mars, où cette colonie de soldats-laboureurs et de
laboureurs-soldats, chaque dimanche, après l'office divin
qu'ils honoraient du salut de leurs armes, venaient se
compter, serrer leurs rangs et s'inspirer mutuellement la
défense du champ et du foyer domestique. Mais là n'était
point sa principale gloire ; elle était comme vous l'a éloquemment exposé l'honorable Procureur Général, dans la
sagesse de ses actes administratifs, et dans ses vertus, qu'au
milieu des colons, ses enfants, nous pouvons appeler avec
lui ses vertus patriarcales et domestiques. . Un des pré-

cédents orateurs vous a dit comment dans un repas, au
Gouvernement, au milieu de l'élite des colons, le manioc
acquit son droit de cité à l'Ile de France, et comment de
ce jour la famine cessa d'être l'effroi de l'Ile.

" Mais ce que vous ne savez peut-être pas, c'est la sa-
gacité avec laquelle le premier il découvrit les ressources
de notre île pour l'industrie séricicole, cette ancre de salut
qui dans des jours d'alarmes nous parut et sera peut-être
un jour notre ressource suprême.   L'assistance qu'il pro-
digua à l'agriculture par l'avance de ses propres deniers,
personne ne peut l'avoir oublié.   L'habitation de la Villebague, son beau-frère, la première sucrerie et indigoterie
de l'Ile, et à laquelle le célèbre vaisseau le St.-Géran
apportait ses premières chaudières à sucre, est encore là
pour nous rappeler par son nom et sa présence, l'impulsion que l'agriculture et l'industrie durent alors à l'exemple du Gouverneur.

" Je disais tout-à-l'heure que cette statue élevée au
génie, vous l'élèverez en même temps à la bonté, savez-
vous de quelles créations M. de La Bourdonnais s'enor-
gueillissait le plus ? Tournez vos yeux du côté de la mer,
et voyez d'ici cet Hôpital qui, malgré l'accroissement
immense de cette ville et de sa population, n'est pas
encore disproportionné à ses besoins.   Voilà l'institution
à laquelle M. de La Bourdonnais donnait, chaque jour,
trois heures les plus précieuses consacrées à son Gouvernement. A deux pas de cet Hôpital, jaillit dans la mer une
source abondante et pure, qu'un aqueduc de plusieurs
milliers de toises va chercher dans les courants lointains
et battus de la Grande Rivière.   Est-il un seul de nous,

ici, qui ignore que l'eau la plus salubre dont il se désal·
tère dans cette ville, il la doit à la sollicitude paternelle
du héros ?

" Mais je ne craindrai pas non plus de vous parler de
la gloire de ses armes, et ce soin me sera d'autant plus
facile que je n'aurai qu'à me rendre l'écho de nos ennemis
d'autrefois. Laissons parler le brave capitaine Peyton, dans
une de ses trèves où, comme les chevaliers d'autrefois, de
nobles ennemis savaient, au milieu des tronçons des
armes brisées et du désordre des champs de bataille, se
serrer loyalement la main en signe d'admiration et d'es·
time. N'est-ce pas de l'*Achille*, vaisseau amiral monté par
La Bourdonnais, que Peyton disait :

" Ce vaisseau doit être sorti de l'enfer pour vomir
pendant l'action la quantité de feu qu'il avait lancé sur
l'escadre Anglaise et pour résister aux soixante boulets
dont elle l'avait criblé."

" Le soleil en se levant éclaira le triomphe de La
Bourdonnais, et il dut à cette victoire ce mot de Voltaire :
" La Bourdonnais dissipa le premier une flotte Anglaise
sur la mer des Indes, ce qu'on n'avait pas vu encore, et ce
qu'on n'a jamais vu depuis."

" Je ne parlerai de la prise de Madras que pour
rappeler l'éclatant hommage que l'Angleterre rendit à sa
loyauté. Vainement Dupleix, avide des trésors de la ville
conquise, voulait le forcer à violer la capitulation et à
garder Madras. " Je maintiendrai la parole de la France
aussi pure que son pavillon à la face de l'Angleterre,"
dit La Bourdonnais, et religieux observateur de sa foi, il

rendit Madras. Ce fut peut-être la cause secrète de sa perte. Mais, lorsque trahi par la fortune, persécuté par les colons eux-mêmes, menacé par son ingrate patrie, il fut capturé en mer et conduit prisonnier à Londres, l'Anglais, comme s'il eût craint de rester au-dessous de son ennemi, lui rendit son épée, et quand il sollicita la faveur de passer en France pour purger son accusation et venir reprendre ses fers ensuite, savez-vous ce que l'Angleterre exigea d'un tel homme pour otage ?... sa parole. On l'accusait d'abus de pouvoir et de concussion dans son Gouvernement, avant de partir pour la Métropole, il se rendit à l'Ile de France, là se dépouillant de ses insignes et de son pouvoir, il se présenta simple particulier sur la place publique. " Que celui d'entre vous auquel j'ai causé quelques torts, le déclare, et je suis prêt à l'indemniser au centuple " dit-il. " Que celui contre lequel j'ai commis quelqu'abus de pouvoir, se montre et m'accuse ! " Et la population entière demeura silencieuse devant lui. On le plongea vivant dans une de ces tombes anticipées de la Bastille, d'où il ne sortit que pour aller reposer quelques mois après dans sa tombe éternelle.

" On essaya avec la vie du corps de lui ravir cette autre vie auprès de laquelle la première n'est rien pour quelques uns : l'honneur. On nous a dit tout-à-l'heure avec quelle ingénieuse adresse, il parvint à violer le secret d'un cachot et à porter même jusqu'à ses juges prévenus une justification éclatante. Un arrêt le réhabilita dans l'opinion publique, et imprima le stigmate de la honte au Gouvernement qui réservait de semblables récompenses à de semblables hommes. Tardive justice !...

" Il mourut peu de temps après entre les bras de sa

femme, et de ses enfants, le cœur brisé par l'ingratitude humaine, et par le spectacle de l'indigence des siens. Il leur laissait toutefois plus qu'une fortune : le nom de La Bourdonnais.

" Vous voulez aujourd'hui lui élever une statue. Avant le don, Messieurs, la restitution. Je réclame pour la source qui désaltère cette ville, et qui est un des ses premiers apanages, son nom légitime, celui de La Bourdonnais. Je demande pour cet asile de la bienfaisance, l'Hôpital du Port-Louis, qui est en quelque sorte l'incarnation de sa bienfaisance et de son humanité, son nom légitime de La Bourdonnais. (1)

" Une statue, ce serait l'éloge des hommes qui peut quelquefois être suspect ; ici, ce sera le panégyrique impartial d'un monument qui parle par lui-même. Vous voulez ériger une statue à La Bourdonnais, vous vous félicitez de posséder des monuments, des places publiques, des travaux d'exploitation, même son image ; mais n'oubliez pas que vous avez plus que tout cela encore. Cette terre renferme les ossements de La Bourdonnais. Entrez dans cette enceinte sacrée à quelques pas du sanctuaire, levez cette dalle...... Ce sont les derniers restes des enfants et de la femme de La Bourdonnais que couvre cette pierre muette. Pourquoi, Messieurs, suivant l'usage européen, une inscription sur cette dalle, n'ensei-

(1) Il est curieux de remarquer que près d'un demi siècle après le Secrétaire Colonial actuel, Sir Graham Bower, K.C.M.G., qui ignorait sans doute la demande de M. Piston, ait aussi proposé, dans un rapport officiel, de donner le nom de La Bourdonnais au nouvel hôpital que le Gouvernement a l'intention d'établir à Port Louis.

gnerait-elle pas, dans ce sanctuaire de la justice éternelle, le précieux trésor que recèle l'Eglise St. Louis. (1)

" Elevez toutefois sa statue, car (pour emprunter le mot d'un jeune orateur imberbe, que sa modestie a tenu muet dans cette expression générale de la reconnaissance.) ' Quel piedestal convient mieux à la statue de La Bourdonnais que l'Ile de France, l'Ile de France baignée par cette mer des Indes, le théâtre brillant de ses exploits et de sa gloire."

(1) Ce vœu sera bientôt réalisé par les soins du Comité.

§ 5

(1859)

Inauguration de la Statue.

Le 30 Janvier 1853 le Comité La Bourdonnais se constitua définitivement et procéda aux nominations suivantes :

Président—M. Fropier.
Vice-Président—Mgr. l'Evêque de Port-Louis.
    „   —Le Général Sutherland.
Secrétaire—MM. Autard de Bragard.
Vice-Secrétaire—Jules Mallac.
    „   —M. Bourbon.
Trésorier—L'Hon. Léchelle, Maire de Port-Louis.
Assistant Trésorier—M. T. Kœnig.

Les listes de souscriptions dont la première portait en tête l'offrande généreuse du Gouverneur Higginson, furent mises en circulation, et chacun s'empressa d'apporter son obole à l'œuvre patriotique.

Mais bien des raisons, entre autres les deux épidémies de choléra de 1854 et de 1856, en retardèrent l'exécution ; et ce ne fut que le 19 Mai 1859, que la statue, œuvre de Dumont, nous arriva à bord du *Java*, Capitaine Mallot

Statue de La Bourdonnais sur la Place d'Armes à Port-Louis

Carabet.   Le Comité La Bourdonnais se réunit de suite, et sur la suggestion du Gouverneur Stevenson, (1) fit choix du site qu'il lui indiquait.

" La statue du fondateur de la ville " dit Son Excellence dans une minute " ferait face à la mer, et semblerait souhaiter la bienvenue aux étrangers. Il contribuerait à l'embellissement de l'extrémité de la Place d'Armes qui ne saurait recevoir une plus heureuse décoration."

Les travaux furent immédiatement commencés et l'inauguration fixée au 30 Août. Un programme des fêtes que nous reproduisons plus loin, fut publié, et afin de donner à cette cérémonie plus de solennité, un appel fut fait aux poètes et aux musiciens Mauriciens pour la composition d'une cantate en l'honneur de La Bourdonnais, qu'un chœur d'artistes et d'amateurs devait chanter.

MM. Jérémie Basset et Emmanuel chef d'orchestre du théâtre de Port-Louis furent les heureux lauréats. Ce dernier n'était pas un Mauricien, mais le public fut appelé le lendemain de l'inauguration, à applaudir au théâtre la musique d'un de nos compatriotes, M. Berger.

Un ciel magnifique éclaira ce jour si impatiemment attendu. Le compte-rendu de cette fête que nous empruntons au *Cernéen*, et les discours qui y furent prononcés, témoignent de l'enthousiasme qui présida à cet hommage tardif de la colonie à la mémoire de son fondateur.

(1) Sir William Stevenson arriva dans la Colonie le 20 Septembre 1857. Il mourut au Réduit le 10 Janvier 1863. Une Statue lui a été érigée dans la cour d'honneur de l'Hôtel du Gouvernement à Port-Louis.

PROGRAMME DE LA FÊTE D'INAUGURATION DE LA STATUE DE
LA BOURDONNAIS, A PORT LOUIS, LE MARDI 30 AOUT 1859.

1. La fête commencera à deux heures précises de
l'après midi. Un signal d'avertissement sera donné à une
heure et demie par un coup de canon tiré de la Citadelle.

2. Son Excellence le Gouverneur et Madame Stevenson honoreront la fête de leur présence. Son Excellence
a été priée d'y inviter, au nom du pays, son collègue,
Monsieur le Gouverneur de la Réunion et Madame la
Baronne Darricau, et d'y convier également tous les habitants de l'Ile Sœur qui voudraient nous visiter à cette
occasion, et particulièrement une députation de la commission qui avait été instituée lors de l'inauguration de la
Statue de Labourdonnais à St. Denis. Le Maire de la
ville de St. Denis a été officiellement invité à la fête.

3. Seront invités également à prendre part à la fête :

1o. Le Général commandant des troupes de Sa
Majesté dans la Colonie, avec tous les chefs de corps de
même que les Evêques de cultes chrétiens et leur clergé.

2o. Tous les corps constitués du pays.

3o. Le consul de France à Maurice.

4o. Tous les consuls étrangers, résidant à Port-Louis.

5o. Les commandants et états-majors des navires de
guerre, pouvant se trouver eu rade de Port Louis, le jour
de l'inauguration.

6o. Les commandants des navires marchands, et particulièrement les équipages bretons pouvant se trouver sur la rade de Port-Louis, à la même époque.

7o. Les différentes Chambres ou Sociétés constituées de la colonie.

8o. Tous les chefs des Maisons d'Education de la ville, avec une députation composée de huit élèves.

9o. Les auteurs des paroles et de la musique de la cantate qui sera chantée à l'inauguration, et toutes autres personnes auxquelles le Comité jugerait convenable de faire parvenir une invitation spéciale.

4. Des gradins seront élevés en amphithéâtre autour du monument pour recevoir les autorités et les personnes invitées à la fête.

5. La place d'Armes sera ornée et pavoisée.

Des mâts vénitiens avec des oriflammes et des écussons, aux chiffres de La Bourdonnais, seront placés de distance en distance, de chaque côté de l'avenue principale depuis la porte d'entrée de l'Hôtel du Gouvernement jusqu'à l'endroit où s'élève la Statue.

6. Les deux issues communiquant du débarcadère à la Rue Farquhar, seront interceptées pendant le temps strictement nécessaire à l'installation et à la durée de l'inauguration.

7. Un piquet d'honneur sera sollicité du Général Commandant les troupes de Sa Majesté dans la Colonie pour assister à la cérémonie,

8. Au signal donné par un coup de canon, le voile de la Statue tombera. Un salut, en rapport avec le grade de La Bourdonnais, sera tiré par une batterie placée sur les Quais ; les tambours battront aux champs et le piquet d'honneur portera les armes.

Les bâtiments en rade, qui seront invités à se pavoiser le jour de l'inauguration, salueront de leurs pavillons au moment où le canon se fera entendre.

9. Immédiatement après, le Chef du Pays prendra d'abord la parole et ensuite son Collègue de l'Ile-Sœur, s'il veut bien honorer cette fête coloniale de sa présence.

10. Le Président de l'ancien Comité La Bourdonnais aura ensuite la parole au nom des souscripteurs. Puis le Maire de Port-Louis adressera une allocution aux assistants, au nom de la Ville et de la Corporation Municipale.

Ensuite le Président de la délégation Bourbonnaise aura la parole.

11. Après ces différentes allocutions, la cantate en l'honneur de La Bourdonnais sera chantée à grand orchestre.

Pendant l'exécution, une procession de jeunes filles, bannières en tête, défilera en jetant des fleurs autour de la Statue.

12. Immédiatement après, la musique militaire jouera les airs nationaux " God Save the Queen " et " Partant pour la Syrie."

13. Le soir la Place d'Armes sera illuminée.

14. Un feu d'artifice sera tiré le même soir, au Champ-de-Mars, à huit heures et demie.

15. Le lendemain une représentation extraordinaire aura lieu au Théâtre de Port-Louis. Le prix des places sera augmenté pour cette occasion seulement, et le produit de la soirée sera partagé entre la Direction et la Caisse de Bienfaisance de Port-Louis.

16. Il sera sollicité du Gouvernement local, un jour de congé général pour le jour de l'inauguration et deux jours de congé pour la jeunesse des écoles.

17. Tous les Membres du Conseil Municipal et du Comité La Bourdonnais seront les Commissaires de la fête. Ils porteront un signe distinctif aux couleurs de La Bourdonnais.

P. N. CHARON,

Maire de Port-Louis.

G. FROPIER,

Président de l'ancien Comité La Bourdonnais.

N. B.—Il y aura aux trois portes d'entrée une quête au profit des pauvres de la Caisse de Bienfaisance.

COMPTE-RENDU

Mercredi, 31 Août 1859.

L'inauguration de la Statue de La Bourdonnais a eu lieu hier.

Dès le matin la ville, et particulièrement la Place

d'Armes avaient un air de fête. Des banderolles et des oriflammes se déployaient à la brise le long de l'avenue qui mène des quais à l'Hôtel du Gouvernement, tous les bâtiments de la rade s'étaient pavoisés, et des flots de curieux se succédaient aux abords de l'enceinte réservée pour surveiller les apprêts de la cérémonie.

A une heure et demie, un coup de canon tiré de la Citadelle a annoncé que la fête allait commencer. La foule était déjà compacte, mais grâce aux mesures intelligentes qui avaient été prises pour éviter tout désordre, les invités pouvaient se rendre à leurs places sans avoir, comme c'est trop souvent le cas dans de pareilles circonstances, à se frayer un passage à la force des poignets.

Jusqu'à deux heures, les spectateurs n'ont cessé d'arriver à flots. Les autorités venaient prendre place dans la loge du Maire, en face de l'avenue ; les membres du Comité La Bourdonnais, ceux du Conseil municipal, ceux du Conseil législatif, ceux du Clergé, l'Evêque catholique et l'Evêque protestant, les magistrats, le Procureur-Général, le Général et son Etat-Major, le Consul de France et les officiers français se trouvant à Maurice dans le moment sont arrivés ; un piquet d'honneur est venu se ranger en face de la loge. Pendant ce temps, les spectateurs se succédaient sans cesse et se casaient de leur mieux sur les gradins placés autour de l'enceinte.

La Place d'Armes présentait en ce moment un magnifique coup-d'œil. Au milieu de l'enceinte, la statue, enveloppée dans son voile fleurdelisé ; en face, la loge du Maire où les uniformes se mêlaient aux habits noirs et aux fraîches toilettes des dames ; tout autour, une tente

sous laquelle sont placés des bancs occupés par les spectateurs ; vers la gauche, et en avant des gradins, une tente
destinée aux musiciens et aux artistes qui vont chanter
la cantate ; derrière la statue, vis-à-vis la loge du Maire,
une haie de soldats, l'arme au bras ; autour de la statue,
des hommes qui circulent, regardant et causant ; à l'extrémité de l'enceinte, une petite loge, occupée par les
photographes ; en dehors de l'enceinte, sur les toits des
maisons voisines, sur les arbres, sur les mâts des vaisseaux
à l'ancre, une foule immense ; partout des têtes qui se
penchent curieusement, partout des visages rayonnants et
partout l'empreinte de cette vague émotion qui précède les
cérémonies auxquelles on n'est pas accoutumé.

A deux heures Son Excellence arrive avec Madame
Stevenson ; la foule les accueille debout, pendant que le
God Save se fait entendre. Quelques minutes après, le
canon gronde. A un signal, le voile qui enveloppe la
Statue tombe, les soldats portent les armes, et la musique
militaire joue l'air français : *Partant pour la Syrie*, et
Mahé de La Bourdonnais apparaît debout sur son piédestal, tenant de la main gauche des plans déroulés, sur
lesquels se lit le nom de l'Ile de France, les désignant de
la main droite, et la face tournée vers ce port qu'il a créé,
où des milliers de bâtiments se pressent aujourd'hui, où
flottent les couleurs de tous les peuples.

L'émotion a été profonde et la foule s'est levée
comme mûe par un ressort, pour contempler les traits du
grand homme qui a fondé cette colonie.

Le Gouverneur s'est levé alors et a félicité le Maire
d'avoir pu attacher son nom à un évènement qui doit

occuper une place spéciale dans les annales mauriciennes. Les paroles du Gouverneur, écoutées dans un silence respectueux, ont provoqué de vifs applaudissements. Puis, M. Fropier, Président du Comité La Bourdonnais, a fourni un discours que nous regrettons de ne pouvoir reproduire aujourd'hui.

Ce discours remarquable, qu'une partie de l'Assemblée n'a malheureusement pas pu entendre à cause de l'éloignement où elle se trouvait, a été accueilli par des applaudissements prolongés et le Maire a pris la parole pour exprimer chaleureusement sa joie d'avoir pu présider cette belle cérémonie et contribuer pour une part quelconque au témoignage de reconnaissance que les Mauriciens donnent au fondateur de leur florissante colonie.

Les discours achevés, les artistes ont entonné la Cantate dont les paroles sont, on le sait, dues à M. Jérémie Basset et la musique à M. Emmanuel, chef d'orchestre de notre théâtre, M. L'Hoste, M. Lucien, Mme Petit, ont chanté avec beaucoup de goût et, bien qu'on fût en plein air, ont su faire ressortir les passages saillants de la jolie composition de M. Emmanuel. On a remarqué la vigueur des morceaux d'ensemble.

Après la Cantate qui a été écoutée avec un plaisir non dissimulé, une procession de jeunes filles, bannière en tête, a fait le tour du monument et jeté des fleurs au pied de la Statue.

A quatre heures cette cérémonie, unique jusqu'à présent dans nos annales, et qui fait honneur à ceux qui ont eu à y jouer un rôle, qui fait honneur au Maire de

Port-Louis qui a déployé pour l'organiser une activité et un zèle dont on ne saurait trop le féliciter,—à quatre heures, disons-nous, cette imposante cérémonie était terminée, et la foule s'écoulait émue, et heureuse de cet acte de tardive mais éclatante réparation.

C'est le 15 Août 1753 que la grande âme de La Bourdonnais a quitté cette terre où elle a eu tant à souffrir de l'ingratitude des hommes. Sa mémoire aussi devait en souffrir, car ce n'est que le 30 Août 1859, 106 ans après sa mort, que les Mauriciens lui ont érigé un monument. Mais il serait injuste de dire que son nom avait été complètement oublié à Maurice ; La Bourdonnais avait laissé après lui des traces durables de son passage, et le public lettré savait quels services il avait rendus à cette Colonie ; plusieurs plumes créoles lui ont, à diverses reprises payé le tribut de leur admiration. L'érection d'un monument cependant avait toujours été différée et c'est à M. Higginson, gouverneur anglais, qu'est due l'initiative du mouvement dont la cérémonie d'hier est la dernière manifestation ; c'est à M. Stevenson gouverneur anglais, à qui il a été donné de rendre le premier hommage à l'image de La Bourdonnais. L'Angleterre, a toujours su rendre justice à ce grand homme : captif à Londres, elle l'entourait des égards et du respect dus au courage malheureux et lui permettait de rentrer dans sa patrie sur parole. Aujourd'hui que son drapeau flotte sur l'ancienne Ile de France, elle vient avec un noble libéralisme reconnaître au pied de la Statue de ce grand homme de guerre, de ce grand marin, de ce grand colonisateur, les vertus dont il a fait preuve pendant sa courte mais glorieuse carrière.

C'est par des actes semblables que le Gouvernement de Sa Majesté se créera des titres durables à l'attachement des Mauriciens, et M. Stevenson doit être heureux d'avoir eu à jouer, comme Gouverneur, un rôle dans la cérémonie que nous venons de décrire.

DISCOURS DU GOUVERNEUR STEVENSON.

Mr. Mayor of Port-Louis,

Mr. President of the La Bourdonnais Committee.

I congratulate the people of Mauritius on the arrival of this auspicious day, on which tardy justice is at last to be done to the memory of the Great La Bourdonnais.

More than one hundred years have now rolled by since the earthly career of that distinguished man was brought to an unhappy close ; and yet, from that time to this, no attempt has been made in this island,—the scene of his greatest services,—to erect a monument to his memory, or to perpetuate the celebrity of his works !

It is true that the ancient capital, Mahébourg, is still distinguished by his name ! It is true that an insignificant street near this immediate spot is likewise so distinguished ! It is true that the principal island of the Seychelles, a thousand miles distant from hence, is equally so honored !

But all these memorials could not supply the great colonial want. A monument was still needed, worthy of the man whose image stands unveiled before us,

Although no such monument as this has yet found place in the Colony, La Bourdonnais has never ceased to be remembered here. His name is engraved on the heart of every creole of Mauritius. *Monumentum ære perennius.*

The annals of history furnish many remarkable instances of the neglected memorials of great men, whose deeds have only been commemorated—at a distance of many years after they have apparently been forgotten. Great heroes—Great naval and military commanders—Great legislators—Great statesmen—Great philanthropists have all been allowed to remain in apparent oblivion for ages, and after a lapse of many years, (as in this instance, after a lapse of one entire century,) something has animated the people to erect a monumental trophy, dedicated to the memory of their departed worth.

Why, it may be asked, is this sudden reaction shewn ? Is it that the merits of the dead have been unappreciated in the interval ?—Is it that all recollection of their possessor has been lost ? Not so ! The reason is this :— People have taken a retrospect of the past. They have contrasted those who have followed in the same career with him who so gloriously preceded. They have seen all their deficiencies, and they have believed, what history has asserted, that since the days of La Bourdonnais— (whether they look at his successors under French authority, or whether they regard them under English rule)— they have had no Governor, occupying the place of La Bourdonnais, who has been La Bourdonnais' equal ?

While, therefore, this monument of that distinguished

man affords a memorial of the past, it furnishes at the
same time a monitor and an example for the future,—a
monitor by which all Rulers of this Colony may be
reminded of their duty,—An example which all will do
well to follow ! and we dedicate this monument to the
double purpose which it is thus intended to serve.

Great men to whatsoever country they belong, are
the common property of all Nations—their virtues and
their works are equally admired by all. In erecting a
monument in this British Colony of Mauritius to the
memory of La Bourdonnais, we prove that we can appre-
ciate the merits of public men, irrespectively of all
considerations of Nationality ; and I claim, on behalf of
the people of Mauritius, to stand pre-eminently conspicuous
in doing homage to the man whose name is dear to all
Mauritians.

It is not the first time in this Colony that we have
been proud to do justice to men of other nations who have
distinguished themselves in this place. There is an
instance in the monument of Malartic, whose half-finished
memorial was not long since completed and publicly
inaugurated in this Town. I rejoice to think that we
can always be animated with the same high feeling ; and
I am glad to learn that some of our neighbours, from the
Sister Isle, who have lately erected a similar testimonial
to La Bourdonnais, and whose country is favoured by
his celebrity, have honoured us with their presence to
witness this popular demonstration.

I desire not to become a chronicler of the life and

times of La Bourdonnais. Biographers and Historians have already done that, and there is no creole of Mauritius who is not familiar with every leading incident in the administration of the much loved Governor of their Colony. There are eloquent men who will presently follow me in their addresses, who will fill up every blank which I shall purposely leave untouched, and I wish to give them ample scope for the exercise of their pleasing duty by trespassing no more on the privilege which I relinquish to them. But, while I speak of La Bourdonnais, and his great public works, I cannot avoid a passing expression of regret that the reward which was regarded as the proper recompense for his services, was —not a Peerage and a Pension—but—a Prison !

Yes, the page of History is blotted with that recorded fact. For three entire years was La Bourdonnais immured in the dungeons of the Bastille. Released from that imprisonment, and exonerated from all crime of which he had been accused, he dragged out the miserable remnant of his existence a poverty stricken and a broken hearted man.

We now see before us the figure of him who may justly be styled the " Founder of this Colony and the Founder of this City." We have hailed the presence of his effigy with the same earnest enthusiasm with which we should have greeted his personal return. We have offered him a salute suited to his former distinguished rank. And in honor of the event which we are celebrating, and in compliment to the brave nation whose subject he was, as well as to his fellow countrymen who have honoured this

Inauguration with their presence, we have received him with the melody of the national air of France.

The work is now complete !

I hope that so long as the monument endures, so long as its history is recorded, so long as its subject is remembered, it will always be regarded by the successors of La Bourdonnais as an admonition to them to imitate his example and to emulate his character. I hope that the silent monitor will act with equal effect upon all.

Whether they be Governors in the administration of their higher function, whether they be Mayors and Chief Magistrates in the exercise of their civil duties, whether they be public men in the performance of their official services, or whether they be private individuals in the pursuit of their social avocations, and I hope it will always be borne in mind that when great public services are expected from men in high authority, they can only be satisfactorily accomplished by the aid of all who should be co-adjutors in the work, and that those co-adjutors are not confined to official persons alone, but include all classes and members of society.

And, more than all, let it be remembered that when men have signalized themselves above their fellow-men, in whatsoever country they may have been engaged, or to whatsoever Nationality they may belong, their successes are not so much attributable to their own works and merits, as they are due to that divine assistance from which all power is derived, and to the Giver of which all praise is due.

[TRADUCTION]

Monsieur le Maire de Port Louis,

Monsieur le Président du Comité La Bourdonnais,

Je félicite le peuple mauricien de la venue de ce jour heureux où une justice tardive est enfin rendue à la mémoire du grand La Bourdonnais.

Plus de cent ans se sont écoulés depuis que la carrière terrestre de cet homme distingué s'est terminée d'une manière malheureuse ; et cependant depuis cette époque aucune tentative n'avait été faite dans cette île—théâtre de ses plus grands services—pour élever un monument à sa mémoire, ou pour perpétuer la célébrité de ses œuvres !

Il est vrai que déjà Mahébourg, l'ancienne capitale, porte son nom (1). Il est vrai qu'une rue insignifiante non loin d'ici le porte encore. (2) Il est vrai que la principale île des Seychelles distantes d'un millier de milles d'ici partage également cet honneur ! Mais tous ces hommages rendus à sa mémoire ne suffisaient pas à combler l'importante lacune qui existait dans cette colonie. L'homme dont l'image se dresse dévoilée devant nous, attendait toujours un monument digne de lui.

(1) Nous devons signaler ici la confusion que l'on fait généralement au sujet de cette ancienne capitale. Elle ne se trouvait pas à Mahébourg, mais à l'endroit appelé le Vieux Grand Port, là-même où les Hollandais avaient fondé leur principal établissement. Mahébourg ne fut fondé qu'en 1805. Il fut jugé nécessaire dans cette année d'abandonne l'ancienne capitale dont on voit encore les ruines aujourd'hui. Elle était exposée à toutes les fureurs des ouragans, la chaleur y avait augmenté en raison du voisinage d'un nouveau fort, l'eau était devenue rare, la communication avec les autres chefs-lieux était difficile, la côte n'était accessible qu'à de petites embarcations ; de plus cet ancien établissement n'était composé que de vieux bâtiments totalement délabrés, placés sans ordre et presque tous à renouveler. Pour toutes ces raisons le général Decaen décida par l'arrêté du 15 Pluviose An 14 (1805) d'abandonner le Vieux Grand Port et de fonder le Bourg-Mahé à la Pointe de la colonie.

(2) Cette rue porte le nom de La Bourdonnais depuis près d'un siècle et demi. Sous la Révolution, lorsque le Conseil Général de la Commune de la ville de Port Louis décida le 6 Mars 1793 de changer les noms de *différents princes et personnes qui ont commandé dans l'ancien Régime* que portaient certaines rues de la ville, seuls les noms de La Bourdonnais, Poivre et Suffren furent conservés.

Bien que nul monument semblable à celui-ci n'ait encore trouvé place dans la colonie, on n'y a jamais cessé de se souvenir de La Bourdonnais. Son nom est gravé dans le cœur de tous les créoles de Maurice. *Monumentum ære perennius.*

Les annales de l'Histoire fournissent beaucoup d'exemples remarquables de grands hommes dont la mémoire a été négligée et dont on ne s'est souvenu des œuvres qu'après bien des années, alors qu'ils semblaient avoir été oubliés. De grands héros, de grands chefs d'escadre et d'armée, de grands législateurs, de grands hommes d'état, de grands philantropes ont été laissés longtemps dans un oubli apparent puis après un laps de longues années—après tout un siècle, comme tel est aujourd'hui le cas—la nation décide soudainement d'élever à la mémoire de leurs grands hommes un trophée sous forme de monument. Mais pourquoi, dira-t-on, cette réaction soudaine ? Les mérites des morts n'ont-ils pas été appréciés dans l'intervalle ? Avait-on perdu tout souvenir de ceux qui les possédaient ? Nullement ! La raison, la voici : On a remonté vers le passé, on a comparé celui dont la carrière fut si glorieuse, à ceux qui l'ont suivi, on s'est rendu compte de ce qui manquait à ces derniers, et on a eu foi dans l'histoire qui affirmait, que depuis le temps de La Bourdonnais, ni sous le Gouvernement Français, ni sous la domination Anglaise, aucun Gouverneur ayant occupé ce poste ne l'a égalé.

Ainsi le monument de cet homme distingué, tout en nous rappelant le passé, nous donne en même temps un avertissement et un exemple pour l'avenir—avertissement grâce auquel tous les Gouverneurs de cette Colonie se rappelleront leur devoir—exemple que tous feront bien de suivre ! et nous consacrons ce monument au double but qu'il doit ainsi remplir.

A quelque pays qu'appartiennent les grands hommes ils sont la propriété commune de toutes les nations. Leurs vertus et leurs œuvres sont également admirées de tous. En élevant à Maurice, colonie anglaise, un monument à la mémoire de La Bourdonnais, nous prouvons que nous savons apprécier les mérites des hommes publics, sans tenir compte de leur nationalité, et en ma qualité de Gouverneur je revendique au nom de la population de cette île, l'honneur de rendre ouvertement hommage à l'homme dont le nom est cher à tout Mauricien.

Ce n'est pas la première fois que dans cette Colonie nous sommes fiers de rendre justice à des hommes d'une autre

nationalité qui se sont distingués dans le poste de Gouverneur.
Le tombeau de Malartic dont le monument à moitié achevé,
ne fut élevé et inauguré publiquement dans cette ville que
depuis peu, en est un exemple. (1) Je me réjouis de penser
que nous pouvons toujours être animés du même sentiment
élevé, et je suis heureux d'apprendre que quelques-uns de
nos voisins de l'Ile Sœur qui vient d'élever un semblable
monument à La Bourdonnais et qui partage sa célébrité,
nous ont honorés de leur présence pour assister à cette dé-
monstration populaire.

Je ne désire pas raconter la vie et l'époque de La Bourdonnais. Des biographes et des historiens l'ont déjà fait, et il
n'y a pas un créole de Maurice qui ne connaisse les principaux
incidents de l'administration du Gouverneur bien aimé de leur

(1) Anne Joseph Hippolyte Maurès Comte de Malartic, né à Mon-
tauban le 3 Juillet 1730, fut nommé Gouverneur-Général des établissements Français à l'Est du Cap de Bonne-Espérance le 30 Décembre 1791.
Il arriva dans la Colonie le 16 Juin 1792 accompagné des Commissaires
civils Lescalier, Le Boucher, Tirol et Dumorier que la France déléguait
ici afin d'y maintenir l'ordre et la tranquillité publics, et de veiller à
l'exécution des décrets de l'Assemblée Nationale. Sa conduite le 22 Juin
1796, lors du renvoi des Agents du Directoire Baco et Burnel lui valut le
titre de " Père de la Colonie ; " et plus tard, ses vertus, son dévouement
au bien public au milieu des troubles de la Révolution, celui de " Conservateur des îles de France et de Bourbon." Conservateur de l'œuvre
de La Bourdonnais, il partage avec celui-ci la reconnaissance des habitants ; leurs deux noms leur sont également chers. A sa mort survenue le
9 Thermidor An 8 (28 Juillet 1800) l'Assemblée Coloniale arrêta qu'il lui
serait élevé un tombeau au Champ-de-Mars, et adopta le projet de
l'architecte Gastambide. Il consistait en une colonne surmontée d'une
urne, élevée sur un tombeau figurant une urne antique de forme carrée.
Le monument devait occuper le milieu d'une île artificielle dont les rives
seraient plantées de cyprès. Les eaux du Pouce devaient alimenter la
pièce d'eau. Deux pavillons élevés dans les bosquets de bois noirs
voisins devaient servir de logements à quatre invalides, gardes d'honneur
du tombeau, chargés en même temps de son entretien. Après être resté
près d'un mois dans l'Église, le corps du général fut déposé provisoire-
ment dans un caveau creusé dans la partie orientale du Champ-de-Mars.
Le soubassement et le caveau du tombeau étant achevés, on l'y trans-
féra, en grande pompe, le 28 juillet 1801, jour anniversaire de sa mort,
la colonne n'avait atteint que quelques pieds de hauteur, lorsqu'on
fut obligé de suspendre les travaux. Le monument ainsi inachevé frappa
l'attention d'une femme de cœur ; Lady Gomm, femme du Gouverneur
Sir William Maynard Gomm. Elle organisa en 1846 avec le concours des
dames de Maurice un " fancy fair ",—bazar de charité—dont le produit
fut affecté à l'achèvement du monument. Le projet orignal fut modifié,
et l'obélisque substituée à la colonne. Abattue par le cyclone du 29
avril 1892, elle fut remontée par les soins de la Municipalité.

Colonie. Les hommes éloquents qui me succéderont bientôt combleront, dans leurs discours, les lacunes que j'ai laissées à leur intention, et je veux leur donner une grande latitude dans l'accomplissement de ce devoir agréable en n'empiétant pas davantage sur le privilège que je leur abandonne. Mais tandis que je parle de La Bourdonnais et de ses grands travaux publics, je ne puis m'empêcher d'exprimer le profond sentiment de regret que j'éprouve en songeant que la récompense de ses services a été, non la Pairie et une Pension, mais—une Prison.

Oui le feuillet de l'histoire est entaché de ce fait reconnu. Pendant trois années entières La Bourdonnais fut enfermé dans les donjons de la Bastille. Mis en liberté et reconnu innocent de tous les crimes dont il était accusé, il traîna misérablement le reste de son existence dans la pauvreté, le cœur brisé.

Nous voyons maintenant devant nous l'image de celui qui peut à juste titre être appelé le " Fondateur de cette colonie, le Fondateur de cette ville." Nous avons acclamé sa statue avec le même enthousiasme ardent que nous aurions montré pour accueillir son retour en personne. Nous lui avons offert un salut en rapport avec son ancien rang distingué. En l'honneur de l'évènement que nous célébrons, par courtoisie envers la valeureuse nation dont il fut le sujet, et envers ses compatriotes qui ont honoré cette inauguration de leur présence, nous l'avons salué des accords de l'hymne national de France.

L'œuvre est aujourd'hui complète !

Aussi longtemps j'espère, que durera ce monument, aussi longtemps que l'on conservera son histoire, aussi longtemps que l'on se rappellera son but, il sera toujours considéré par les successeurs de La Bourdonnais comme un avertissement qui leur est donné d'imiter son exemple, d'égaler ses vertus. J'espère que ce muet avertissement agira également sur tous : Gouverneurs occupant la fonction la plus haute, Maires et premiers Magistrats remplissant des devoirs civiques, hommes publics dans l'exercice de leurs fonctions officielles, hommes privés dans l'accomplissement de leurs devoirs sociaux ; j'espère que tous se rappelleront toujours que si l'on attend des hommes investis d'une haute autorité de grands services publics, ceux-ci ne peuvent être accomplis d'une manière satisfaisante qu'avec le concours de tous ceux qui doivent en être les co-adjuteurs, et que ces co-adjuteurs ne doivent pas se limiter aux officiels seulement, mais comprennent toutes les classes et tous les membres de la société.

Souvenons-nous encore que, si des hommes s'élèvent au-dessus de leurs concitoyens, dans quelque pays qu'ils se trouvent, ou à quelque nationalité qu'ils appartiennent, leurs succès ne doivent pas tant être attribués à leurs propres travaux et à leurs propres mérites, qu'à cette assistance divine de qui émane tout pouvoir, et à la Providence à qui toute louange est due.

DISCOURS DE M. FROPIER.

Messieurs,

" C'est un beau spectacle que l'inauguration d'un monument élevé à la gloire d'un homme grand par le génie, grand par le caractère, et qui consacre ses droits à l'immortalité. C'est un plus beau spectacle que celui de tout un peuple uni dans une même pensée pour payer, à un siècle de distance, à la mémoire de cet homme illustre, un tardif mais éclatant tribut de reconnaissance pour d'immenses et impérissables bienfaits. C'est un spectacle plus grand encore, plus noble, plus émouvant, que celui que nous avons maintenant sous les yeux et dans lequel nous prenons tous une part plus ou moins directe, mais certainement bien vive et bien enthousiaste.

" Ce ne sont pas seulement, Messieurs, les enfants de la France que nous voyons groupés au pied de cette magnifique statue, pour acclamer les hommages d'un autre enfant de la France qui fut une des gloires de sa patrie; ce ne sont pas seulement les descendants des colons de l'ancienne Ile-de-France qui viennent témoigner leur reconnaissance à l'illustre et glorieux fondateur de cette colonie, dont il fut le bienfaiteur ; ce sont les habitants de la Maurice Anglaise, ce sont leurs frères de la fière et libre Angleterre qui viennent porter leur part d'hommage et d'admiration au guerrier célèbre, au marin habile, loyal et vaillant, qui combattit l'étendard d'Albion dans ces parages lointains, et qui balança un moment la fortune de ses armes et de sa domination dans son naissant empire des Indes. C'est là le trait le plus saillant de cette fête, c'est là le trait caractéristique de notre époque chrétienne et humanitaire, et ce sera l'éternel honneur de ce 19ème siècle, d'avoir su, malgré l'égoïste satisfaction de ses besoins matériels, au milieu de ses immenses progrès, de ses gigantesques agitations, de ses éblouissantes et utiles découvertes, d'avoir su poser la base de la fraternité des peuples et imprimer un sublime élan à leur marche simultanée vers la perfectibilité humaine.

" La présence du représentant de l'Angleterre revêtu dans ces contrées lointaines de la confiance de notre gracieuse souveraine ; la présence de ces Consuls de peuples amis ; ce Consul de France surtout, à la tête des marins de son pays, les compatriotes de La Bourdonnais ; ces bannières de tant de peuples divers qui flottent sur nos têtes ; ces uniformes glorieux de peuples frères qui furent jadis rivaux ; ces fanfares de victoire, célébrant aujourd'hui les bienfaits de la paix ; ces populations diverses descendues de tous les points de cette Ile et appartenant à tous les points du globe ; ces habitants de la colonie voisine, notre sœur par l'origine, et qui le sera toujours par la communauté des sentiments et de l'affection ; ces femmes dans tout l'éclat de leur beauté et de leurs parures ; ces députations de nos écoles ; ces jeunes filles parées comme aux jours de solennités religieuses pour répandre l'encens des fleurs aux pieds du héros ; tout ne parle-t-il pas fortement à votre imagination ; tout ne vous dit-il pas que nous appartenons à une grande époque, et que sur ce rocher perdu au milieu de l'océan, nous célébrons une des grandes fêtes de la civilisation.

" C'est une fête véritablement civilisatrice, en effet, Messieurs, que celle qui rend un juste hommage à la mémoire d'un bienfaiteur des peuples, car en même temps qu'elle donne un nouvel exemple de cette reconnaissance qui honore autant les nations que les individus isolés, elle offre un nouvel encouragement à ces natures d'élite qui, au prix même de leur tranquilité, de leur liberté, de leur existence, se consacrent avec ardeur au bonheur de leurs semblables, et qui ne peuvent attendre leur reconnaissance que de la postérité.

" Mahé de La Bourdonnais, ai-je besoin de le dire en ce jour, fut un de ces hommes, au cœur grand, à l'esprit élevé, qui deviennent les amants de la gloire et les amis de l'humanité.

" Une voix éloquente et plus digne que la mienne vient de vous dire ses vertus, ses services, ses droits à votre reconnaissant souvenir, la voix de notre Gouverneur respecté vient de se faire entendre à vous ; d'autres réveilleront encore de nouveaux échos en vos cœurs. Ma tâche est plus modeste ; et si je vous rappelle, en passant, quelques traits de cette vie célèbre et si bien remplie, c'est que le

sujet entraîne chacun de nous en présence de cette statue,
à mêler son éloge si modeste, si humble qu'il soit, au concert de louanges qui s'élève en l'honneur du héros.

" Ma tâche est de vous dire la part prise à l'œuvre
que nous complétons aujourd'hui, par le Comité La Bourdonnais qui s'est formé en 1853, et dont j'ai toujours eu
l'honneur d'être le Président depuis sa formation. Il
m'est doux de m'acquitter de ce devoir et de vous exprimer,
au moment du succès, les sentiments qui ont animé les
promoteurs de ce grand acte de réparation nationale, et,
je puis le dire, la population toute entière de cette Ile.
Je voudrais pouvoir emprunter, pour répondre dignement
à ce que m'impose ce devoir, les accents de ceux qui, en
1853, vous convièrent avec moi à élever une statue à La
Bourdonnais. Mais hélas ! dans ce court espace de temps,
la mort a aussi, elle, accompli son œuvre, et de ces voix
éloquentes et respectées qui se faisaient alors les organes
de la reconnaissance publique, il en est beaucoup qui se
sont éteintes dans le silence de la tombe. Il en est
cependant encore, une surtout qui, bien mieux que la
mienne saurait retrouver le chemin de votre cœur. Mais
elle est du petit nombre de celles dont l'on ne saurait
surprendre les secrets ni imiter les accents. Les Prosper
D'Épinay, les Louis Léchelle, les West, les Piston,
d'autres encore ont payé leur tribut à la nature ; et si
nous ne sommes pas appelés à leur élever un de ces
monuments de marbre ou de bronze dont le plus digne
d'entre eux a déjà été honoré du reste, nous sommes sûrs
du moins, que leur mémoire, à des degrés différents sans
doute, vivra longtemps dans les cœurs des colons de
Maurice.

" Il ne faudrait pas croire en effet que les cœurs des
enfants de cette Ile, soient accessibles au vice dégradant de
l'ingratitude et que l'acte que nous accomplissons aujour-
d'hui soit le premier témoignage de notre sympathie envers
La Bourdonnais.

" Son nom donné à une de nos villes, à une de nos plus
importantes dépendances, à une de nos rues principales ;
son nom que retiendra, j'en suis convaincu, cette place que
nous emplissons en ce moment, de notre foule émue, son
nom le prouverait assez. Je suis heureux d'ailleurs de pouvoir rappeler que notre Assemblée Coloniale, de glorieuse
mémoire, votait à l'unanimité en l'an 7 de la République
Française, alors que les finances de la Colonie étaient dans
la plus grande pénurie, une pension viagère à Madame la
marquise de Montlezun Pardiac, fille de Mahé de La
Bourdonnais, comme un témoignage public de la reconnaissance des colons pour son père, et de la vénération
qu'ils ont pour son nom. Nos frères de Bourbon en firent
autant de leur côté.

On le voit donc, le souvenir de La Bourdonnais a
toujours été vivant dans la mémoire des colons, et cette
sainte pensée se faisait jour pour la millième fois vers la fin
de 1852, quand un charmant petit journal de cette époque,
s'inspirant des sentiments d'une gracieuse créole, réclamait
de nouveau un monument apparent et durable de notre
affection pour La Bourdonnais. Peut-être que cette noble
idée était destinée cette fois encore à se perdre au milieu
du bruit, des préoccupations et des exigences des affaires,
à s'éteindre impuissante et découragée, si Maurice n'avait
alors été administrée par un homme libre de préjugés,

éclairé et bon. Sir James Higginson, qui savait combien
ses bienveillantes intentions étaient sûres de rencontrer
dans nos cœurs amis un écho toujours sympathique, m'é-
crivit une de ces lettres, qui restent comme le cachet
d'une âme grande et honnête, pour faire un appel chaleu-
reux à tous nos bons instincts. Honoré de cette patriotique
communication, je me hâtai de convoquer le meeting
public qui, en janvier 1853, décida d'élever à La Bourdonnais la statue que nous avons maintenant devant
nous.

" Cette réunion, la plus nombreuse peut-être et en
tous les cas, la plus remarquable de celles tenues depuis
bien longtemps à Maurice, par le rang, le caractère et le
talent des hommes distingués qui y figurèrent, ouvrit
immédiatement une souscription à la tête de laquelle le
Gouverneur s'inscrivit pour une magnifique contribution
qu'il augmenta encore plus tard. Il est doux de constater
ici que Sir James Higginson, qui a ainsi véritablement
pris l'initiative du monument La Bourdonnais, a toujours
été depuis le fervent soutien de ce projet. Le meeting
constitua ensuite un Comité nombreux dont bien des
membres siègent aujourd'hui dans cette enceinte, heureux et fiers d'avoir mené à fin avec la co-opération
franche et empressée de la Corporation Municipale, la
mission qui leur avait été confiée, et d'avoir doté la ville
du Port-Louis d'une œuvre d'art remarquable qui est en
même temps le premier monument de ce genre qu'elle
possède. Monument fécond pour l'avenir, enseignement
éloquent et constant pour les générations de cette île,
comme pour les hommes appelés à diriger leurs destinées,

ainsi que l'observait tout à l'heure notre Gouverneur libéral ; image durable quoique bien limitée de cette âme immortelle qui confond le matérialisme et arrête les instincts grossiers de l'égoïsme. Le culte des grands hommes, en apprenant à tous, le prix que la postérité attache au talent, à la vertu, au dévouement, rend l'homme meilleur, et le soutient dans les défaillances de sa nature !

" On pourrait s'étonner ailleurs qu'à Maurice que, même à la distance où nous sommes des grands centres d'où rayonne la lumière des beaux arts et de la civilisation, il nous ait fallu six ans pour mener notre entreprise à bien, quand nos voisins de la Réunion, entrés après nous dans le même ordre d'idées, ont inauguré depuis trois ans déjà la statue du fondateur commun de nos deux colonies ? Mais pour vous, Messieurs, qui savez par quelles épreuves nous avons passé depuis cette époque, qui savez la différence qui existe entre la constitution et les habitudes de nos deux îles, cet étonnement ne peut exister et n'a pas besoin d'explication. Toutefois, disons qu'un sous-comité de colons Mauriciens fut chargé de choisir à Paris un des nombreux artistes de mérite qui sont la gloire de la statuaire, pour lui confier la reproduction en bronze des traits de La Bourdonnais. M. Liénard père que l'on voit mêlé à tout ce qui peut être utile à son pays et qui a pris un si vif intérêt à cette œuvre, MM. Aubin et Husson, nos intelligents compatriotes, et le docteur Ulcoq si bien connu de vous tous et qui partagea longtemps les peines de ses collègues, que nous remercions comme lui, tous nos amis, dis-je, séduits d'abord par la belle exécution de la statue qui orne aujourd'hui la ville de St. Denis et qui

figurait alors à l'exposition Universelle de Paris, songèrent
un moment à demander à son auteur M. Rochet, un second
exemplaire de ce beau morceau plastique ; mais désireux
d'avoir bientôt pour Maurice une œuvre entièrement ori-
ginale, et voulant s'adresser à un statuaire dont la réputation a depuis longtemps grandi, ils confièrent à M.
Dumont, membre de l'Institut de France, cet important travail.   Vous pouvez juger maintenant, Messieurs, si leur
choix a été heureux et, si notre jugement vient confirmer
celui des hommes de goût et de talent qui ont vu, comme
M. Dumont lui-même dans la statue La Bourdonnais, le
chef-d'œuvre de M. Dumont, il me sera bien agréable de
transmettre l'expression de votre approbation à cet éminent artiste et à ceux de nos trois compatriotes qui nous
ont assuré sa co-opération.   Et comment douter de votre
approbation à la vue de ces traits où respirent à la fois la
confiance du génie sûr de ses forces, la douceur intelligente
d'un chef paternel.

" Mais je dois, dès à présent, vous faire remarquer
que cette noble émulation qui anime toujours les véritables
amants de l'art, et que le désir particulier, en cette circonstance, de reproduire à l'étranger les traits d'un illustre
compatriote, ont réduit le prix de cette belle statue
à ceux qu'exigeaient strictement les frais matériels et la
valeur intrinsèque du métal, aussi nous a-t-il été possible
sur les six mille piastres de souscriptions recueillies pour
cette œuvre, par les soins de plusieurs membres du Comité
et particulièrement par deux de nos anciens Maires,
MM. Léchelle et Pipon, d'en remettre encore une somme
assez forte à la Corporation Municipale qui a si généreusement pris à sa charge, les dépenses considérables du

piédestal, de la mise en place et de la belle fête qui nous réunit en ce jour. Aussi qu'il me soit permis, Messieurs, de témoigner à chacun des membres de cette Corporation, les remercîments des souscripteurs et du pays tout entier, et de les faire agréer en particulier à M. le Maire du Port Louis.

" Est-il nécessaire, Messieurs, dans un pays tout plein de la pensée de La Bourdonnais, et à une époque où l'attention s'est réveillée plus grande que jamais sur son nom, ses actes, ses bienfaits, de rappeler même succinctement ce que fut ce grand homme ? Il semble que l'usage nous en fasse une loi si impérieuse en pareille circonstance qu'elle est comme une part, même de l'hommage que nous désirons lui rendre. Je serai bref toutefois, et pour abréger cette tâche difficile et ménager votre attention, je prendrai la liberté de vous lire l'extrait d'une lettre que j'adressais, il y a trois ans au Gouverneur de la Réunion, cet homme distingué que vous avez tous connu ici, alors qu'il nous conviait à une fête semblable à St. Denis.

" Mais avant de m'acquitter de la promesse que je contractai presque à cette époque, il n'est peut-être pas hors de propos de chercher à fixer les esprits sur l'orthographe même de ce nom célèbre dont l'épellation des lettres finales a été récemment mise en doute. Je suis convaincu pour ma part que ce doute ne peut pas exister et que nous devons continuer à terminer le nom de La Bourdonnais par une S comme nous l'avons fait jusqu'ici.

" Les journaux viennent de reproduire des recherches qui me semblent des preuves plus que suffisantes à cet égard. Je me bornerai donc à rappeler—que son petit

fils, le célèbre joueur d'échecs, n'a jamais écrit différemment son nom, et que la biographie qu'il a laissée de son
grand père est d'accord sur ce point avec presque toutes
les autres, avec celles surtout écrites par ses compatriotes
Malouins, Serel des Forges, Cunat et autres. Il n'y a
donc aucun motif, même pour les amis du doute, de changer une orthographe consacrée par le temps et par la
gloire.

" Ajouterai-je que parmi les actes de notre Etat Civil
qui reproduisent cette orthographe, il en est un qui
montre particulièrement le respect de La Bourdonnais
pour les coutumes de l'Eglise ; c'est le baptême ou
bénédiction de la cloche dont il fut le parrain à Port
Louis. (1) Cet esprit religieux dont il donna tant de preuves

(1) Voici l'acte qui en fut dressé ainsi que celui de la bénédiction de
la seconde Cloche de la même église dont la marraine fut Madame de
La Bourdonnais :

Le onzième jour du mois de Mars 1738, je soussigné, prêtre de la
Cong^on de la Mission, Curé de la paroisse de St. Louis, au Port-Louis
de l'Isle de France, ai béni une Cloche pour la dite paroisse, elle a été
nommée " Françoise ", le parrain a été Mr. Mahé de La Bourdonnay,
Gouverneur des Isles de France et de Bourbon et la marraine Dame Michelle
Duhamel épouse de Mr. St. Martin, Directeur Général de la Compagnie
dans cette Ile,—(Signé) Duhamel St. Martin, Mahé de La Bourdonnais,
Laval Giblot, Damont, Mallet, Molère, St. Martin.

BÉNÉDICTION DE LA SECONDE CLOCHE.

L'an de grâce mil sept cent quarante six, le quinzième jour du mois
d'Août. Je, soussigné, prêtre de la Congré^on de la mission, curé de
la paroisse de St. Louis de l'Isle de France vic. g^ral de Monseigneur
l'Archevêque de Paris, ai béni la seconde Cloche de cette Eglise sous le
nom de Marie Charlotte, le parrain a été Monsr. de St. Martin gouverneur
par intérim, et la marraine dame Marie Charlotte d'Auteuil, épouse de
Mr. Mahé de La Bourdonnay, Chevalier de l'Ordre du St. Esprit, officier
des vaisseaux de Sa Majesté, Gouverneur et chef des Conseils Supérieurs
des Isles de France et de Bourbon, soussignés. (Signé) St. Martin ;
D'Auteuil de La Bourdonnais ; Igou, curé de St. Louis, vic. g^ral.

à Maurice, non seulement en y élevant des Autels au
Dieu de ses pères, mais même en suppléant à l'absence du
clergé par l'administration du baptême qu'il conférait lui-
même aux enfants nouveaux-nés, et par la lecture des
prières en public, fut probablement la source de cette
fortitude de caractère qu'il montrait dans les plus grands
dangers, de cette philosophie chrétienne qui le soutint
dans les dernières épreuves d'une existence abreuvée de
tant de dégoûts.

« Dans cette Bastille royale dont les murs, témoins des
gémissements de tant de nobles victimes, croulèrent trente
ans plus tard, devant les excès d'un peuple en courroux
que justifiaient peut-être tant d'iniquités, La Bourdonnais
souffrit avec courage et résignation, pendant trois ans et
demi, toutes les douleurs que peut souffrir un homme
calomnié par l'envie, maltraité par le gouvernement qu'il
a fidèlement servi, spolié, ruiné par ses propres détrac-
teurs, séparé de toute sa famille et privé même des
moyens de se défendre. Sa courageuse et persévérante
industrie sut se créer des ressources inespérées, qui lui
permirent de faire connaître son innocence en même
temps que la vérité. Il sortit enfin de son cachot en
1751, solennellement reconnu innocent des infâmes imputations portées contre lui, mais brisé par la douleur et
la maladie, incapable désormais de consacrer à son pays
le reste d'existence qu'il rendit à Dieu deux ans après, à
un âge où il aurait pu faire encore de grandes choses, si la
calomnie n'avait interrompu le cours de ses travaux.

« Né en Février 1699, à St. Malo, cette patrie de tant

de marins célèbres, Bertrand François Mahé de La Bourdonnais n'avait pas en effet plus de 48 ans quand il fut
emprisonné à la Bastille, et moins de 54 ans quand il
termina cette brillante carrière commencée dans la marine
à l'âge de 10 ans. Esprit ardent et persévérant, il profita
de toutes les circonstances, non seulement pour acquérir
les connaissances propres à son état, mais aussi la science
de la guerre, des fortifications, et de l'administration,
qui lui furent plus tard d'une si grande utilité.

" C'est à un trait d'audace et de dévouement, qu'il
dut pour la première fois l'occasion de visiter cette île de
France, qu'il devait plus tard féconder des lumières de son
génie et identifier en quelque sorte à son sort et à sa
personne. Il était à Bourbon sur un vaisseau du même
nom qui coulait bas d'eau, et manquait de tout. On
désespérait de le sauver, quand le lieutenant La Bourdonnais proposa de se rendre à l'ile de France pour y chercher
les secours nécessaires ; effectuant en effet sur une simple embarcation cette traversée périlleuse, il en ramena
un navire muni de tout ce qui était propre à opérer le
sauvetage du vaisseau en danger qui fut ainsi conservé à
son pays. La Bourdonnais avait 24 ans alors ; et c'est plus
de dix ans après en 1733 que, rentré en France, après
avoir fait dans le commerce aux Indes, et au service du
Portugal une grande et honorable fortune, l'ambition lui
prit d'utiliser les ressources que l'île de France lui avait
paru offrir par sa position géographique et par la fertilité
de son sol. Il développa ses idées à un des ministres
d'alors, le contrôleur Orry, qui, frappé de la supériorité
de ses plans, lui fit confier le Gouvernement de cette île.

Il en prit possession en 1735, et tous ceux qui portent intérêt à notre petite patrie, savent tout ce qu'il fit, en dix ou douze ans d'une administration sage et paternelle, mais toujours ferme, pour la prospérité de cette colonie naissante, et malgré les gigantesques entreprises que son génie mena à bonne fin dans l'Inde et à Madagascar.

" Je n'entreprendrai pas moi-même de vous montrer La Bourdonnais sous le triple aspect de Général, d'Amiral et de Diplomate. Cette tâche serait au-dessus de mes forces et de votre patience. Qu'il me suffise de vous dire que son génie inventif semblait faire surgir les soldats du sol et les vaisseaux du sein des flots ; que son courage et son habileté frappèrent d'admiration les ennemis qu'il eut à combattre, et que sa loyauté et sa fidélité à la foi jurée, lui conquirent leur estime comme le respect de la postérité. Cette loyauté envers la puissance anglaise fut la source de tous ses malheurs, et lui assure à ce double titre la sympathie de ceux qui m'entourent.

" Quant au jugement de la postérité, je ne puis mieux le résumer qu'en citant l'opinion d'un des plus grands écrivains du siècle dernier, Voltaire, qui, en appelant La Bourdonnais le Duguay-Trouin de son époque, ajoute, qu'il fut " supérieur à Duguay-Trouin par l'intelligence et son égal en courage."

" Tout ce qui constitue encore aujourd'hui les principaux éléments de prospérité de la ville du Port Louis, canaux, ports, casernes, fortifications, y fut créé par La Bourdonnais qui y transporta le siège de son gouvernement. Il avait remarqué les inconvénients que les vents généraux présentent de tous temps à la sortie des navires du port Sud-Est, la capitale d'alors et les facilités que cette circonstance donne à une attaque de l'extérieur, et il n'hésita pas à lui préférer le port Nord-Ouest que vous habitez aujourd'hui.

" La colonie tout entière doit encore sa richesse aux plantes productives et nourricières qu'importa La Bourdonnais, et aux encouragements de tous genres qu'il donna aux colons dont il était l'ami, l'instituteur et le père.

" Aussi, ne puis-je mieux terminer cette trop longue allocution qu'en vous répétant ce que je disais naguère au digne Gouverneur de la Réunion, M. Hubert Delisle.

" Après avoir exprimé mes regrets de ne pouvoir assister avec la députation Mauricienne à l'inauguration de la statue de La Bourdonnais à St. Denis, après avoir exprimé l'espoir que bientôt une voix Mauricienne inviterait les Bourbonnais à assister à Maurice à une solennité semblable, j'ajoutais : cette voix quelle qu'elle soit, dira aux Bourbonnais, et je suis heureux de le redire aujourd'hui à quelques-uns d'entr'eux :

" Venez, frères, assister de nouveau au triomphe du fondateur et du père de nos deux colonies ; voyez notre sol encore empreint des traces de son génie. Ces vastes casernes qu'ombrage un drapeau glorieux aussi, mais qu'il a longtemps combattu, c'est lui qui les a fait surgir de terre ; ce port vaste et sûr, c'est lui qui l'a limité, protégé, créé ; ces forts qui défendent notre rade, ces mûrs qui enceignent notre capitale d'une circonvallation savante, c'est lui qui les a tracés ; ces champs de cannes couverts d'une si riche et si abondante moisson, c'est à lui que nous en devons le premier bienfait ; ces sucreries qui font notre prospérité, c'est lui qui en a conçu la première pensée, fondé le premier établissement. Voici ce Moulin à Poudre où, à sa voix se réinventait en quelque sorte, ce mélange explosible, devenu l'âme des batailles et le gardien de la paix : c'est là que, par son inspiration, le fer, cet agent de puissance et de richesse, de ruine et de production, s'extrayant de notre sol fertile pour le fertiliser encore, pour armer les vaisseaux de sa flotte, pour se transformer en ancres ou fortifier leurs mâtures ; c'est de notre port qu'il partait pour nous montrer la route productive de la grande Ile Africaine où il allait improviser une flotte que lui refusait un pays ingrat ou que lui disputait la tempête ; c'est de nos rivages enfin qu'il s'éloignait presque seul, pour aller combattre une puissance déjà colossale dans ces mers. Partout les marques de cet esprit créateur qui de rien, ou de peu, produisait des prodiges de hardiesse et d'industrie ; partout les traces encore profondes de ce grand administrateur, de ce grand marin, de ce grand général.

" Cette voix vous dira encore : cet homme persévérant et puissant, qui ne négligeait rien, dont le souffle inspirateur cicatrisait les plaies du passé, en même temps qu'il pourvoyait aux besoins du présent, et préparait les ressources de l'avenir ; cet homme qui fonda d'utiles colonies pour la France et voulut lui donner un empire ; cet homme fut méconnu de la France d'alors ; son existence fut abreuvée de dégoût et d'outrages, sa vie s'éteignit dans la douleur. Frères français, nous sommes aussi les descendants de ceux qui furent ingrats envers lui, c'est à nous aujourd'hui de réparer comme vous, les torts de nos pères.

" Messieurs, je pourrais vous parler longtemps encore
de cet homme célèbre dont la vie abonde en milliers de
traits de courage, de bonté, de dévouement ; ami des
planteurs de cette île dont il partageait fraternellement
le repas frugal, sous les modestes abris élevés par nos
premiers parents, et qu'il aidait généreusement de ses
propres ressources pécuniaires, je pourrais essayer de
vous le montrer tel que l'a dépeint depuis l'inimitable
conteur de Paul et Virginie, dans ces pages qui jeteront
longtemps sur cette île, un si vif reflet de douce poésie.
Mais je dois m'arrêter ici, avec le regret d'avoir si impar-
faitement rempli le devoir qui m'était imposé par la
confiance des souscripteurs, et du Comité La Bourdonnais.

" Tel fut Bertrand François Mahé de La Bourdonnais,
Gouverneur général des îles de France et de Bourbon,
Capitaine des Vaisseaux de France et de Portugal,
Chevalier de St. Louis et Commandeur de l'Ordre du
Christ.

" Le piédestal de la statue formé de notre belle pierre
basaltique, et travaillé avec le fini ordinaire de nos ouvriers
ne contient encore aucune inscription. Voici celles qui
ont été adoptées par le Comité La Bourdonnais et revues
par M. Le Normand de l'Académie des Inscriptions et
Belles Lettres.

Face Antérieure :

A Mahé de La Bourdonnais,

Les Mauriciens

Reconnaissants

Face Postérieure :

Ecusson de   *La Bourdonnais.*

Bertrand François

Mahé de La Bourdonnais

Né à St. Malo en 1699

Gouverneur Général des îles

de France et de Bourbon

De 1734 à 1746 ;

Enfermé à la Bastille

De 1748 à 1751 ;

Mort le 9 Septembre 1753

———

Face Droite :

Ce monument

Elevé à l'aide des souscriptions volontaires

a été voté en assemblée publique

des habitants de Maurice,

Sous le Gouvernement et avec le concours

de Sir J. M. Higginson, K. C. B.

En 1853.

———

Par les soins du Comité Spécial

librement élu

et avec l'assistance

de la Municipalité de Port-Louis

ce monument a été inauguré

Sous le Gouvernement de S. Exc. W. Stevenson, C. B.

En 1859.

" Le Maire du Port-Louis a appelé nos artistes à concourir à l'embellissement de cette fête par l'union de la poésie et de la musique ;—vous entendrez tout-à-l'heure la belle Cantate de M. Jérémie Basset ; et si la musique exécutée aujourd'hui, et composée par M. Emmanuel n'est pas due à un créole,—celle que vous entendrez demain au Théatre sera du moins, comme la poésie, l'œuvre d'un de nos compatriotes, M. Berger.

" Et maintenant que ce grand devoir est accompli, ai-je besoin de vous rappeler, Messieurs, que nous aussi, Mauriciens du 19ème siècle, nous n'avons connu depuis quelques années que de bons Gouverneurs. Les derniers qui se sont succédé à la tête de notre gouvernement ne semblent-ils pas avoir pris à tâche de continuer l'œuvre de leur illustre prédécesseur ? Que n'ont-ils pas déjà fait pour notre prospérité matérielle ? Que n'ont-ils pas fait pour nos progrès en tous genres ? Cette fête qui réunit en un seul sentiment les descendants de la France et de l'Angleterre, ne vous parle-t-elle pas de leur libéralisme plus éloquemment que ne pourraient le faire mes paroles ? Cette exposition de l'Agriculture, de l'Industrie et des beaux Arts, qui s'ouvre demain dans la demeure même de nos Gouvernants respectés, ne témoigne-t-elle pas de leur sollicitude constante et éclairée pour tous nos véritables intérêts ?

" Soyez en sûrs, ils seront toujours fiers de votre reconnaissance pour leurs efforts, de votre loyauté et de votre fidélité envers notre gracieuse souveraine. Mais ils ont l'esprit trop haut placé pour ne pas estimer et respecter toujours aussi la reconnaissance de nos souvenirs.

qu'un même élan vous transporte donc à la vue de cette statue : descendants des colons de l'île de France, acclamez le fondateur de notre île ! Et vous, enfants de Maurice, bénissez le bienfaiteur de vos pères.

DISCOURS DE M. CHARON

" Excellence, Mesdames, Messieurs,

" Les paroles éloquentes qui ont été prononcées par les orateurs éminents qui m'ont précédé à cette place, me dispenseront de vous entretenir longuement de la grande solennité à laquelle vous avez été conviés.

" LHonorable Fropier vient de vous retracer à grands traits les titres principaux de Mahé de La Bourdonnais à la reconnaissance de tous les Mauriciens, permettez-moi cependant de vous en rappeler un seul, afin de caractériser l'imposante manifestation à laquelle vous vous êtes associés tous de cœur et d'âme.

" L'image que vous avez devant vous vous représente les traits aimés et respectés du fondateur de notre Colonie. C'est en effet, à l'homme illustre auquel les colons de Maurice paient, après un siècle, je ne dirai pas d'oubli, mais au moins d'indifférence, un juste tribut de gratitude et d'admiration, que nous devons la création de notre belle cité.

" Quelques mois à peine après avoir débarqué au milieu de nos forêts vierges, son esprit essentiellement colo-

nisateur, avait deviné qu'il existait dans notre île un endroit
plus favorable sous tous les rapports pour asseoir les bases
d'un grand établissement—tel que son génie l'avait rêvé—
lorsqu'en quittant sa patrie, il prenait entre les mains de
son Roi l'obligation de fonder dans l'océan indien, une
succursale des établissements français dans l'Inde. Cet
endroit, ai-je besoin de vous le nommer ! La hâche des
premiers colons dirigée par sa puissante impulsion, ne
tarda pas à se faire entendre au milieu de ces magniques
collines que vous avez devant les yeux, et bientôt le Port
Louis sortit pour ainsi dire de son chaos !

" N'est-ce point là un droit suffisant pour mériter
votre reconnaissance ? Qu'ai-je dès lors besoin de vous
redire toute l'histoire de La Bourdonnais ? Cette histoire
ne la connaissez-vous pas tous ? N'est-elle pas gravée en
lettres impérissables dans la mémoire de tous les Mauriciens ? Ce serait faire injure à mes compatriotes que d'en
douter un seul instant ; et d'ailleurs, tant pis pour ceux
qui ne veulent point la savoir ! Ce que je sens le besoin
de vous dire, c'est que cette manifestation toute coloniale,
est, à tous égards, digne de celui qui reçoit en ce jour
nos hommages, et en même temps digne des Colons de
Maurice.

" Comment ne pas être fier, mes chers compatriotes,
d'avoir contribué, par tous les moyens en mon pouvoir, à
une semblable fête, lorsque la voix animée de notre
Gouverneur actuel vient de nous faire entendre des paroles
empreintes d'un libéralisme si élevé et si conforme au
grand principe, du grand peuple dont l'étendard nous
abrite ? Oh ! pardonnez-moi d'avoir un moment d'orgueil

et de fierté en voyant que mes humbles efforts pour donner à cette grande solennité tout l'éclat et toute la pompe qu'elle mérite, ont rencontré vos sympathies et votre adhésion franche et cordiale.

" Je suis heureux de constater votre empressement à vous joindre au labeur de la Municipalité de Port-Louis, chargée de faire exécuter le piédestal de la statue La Bourdonnais en même temps que de diriger les préparatifs de la solennité de ce jour, l'heureux accomplissement de cette tâche me récompense au centuple de tout ce que j'y ai pu apporter de soins personnels, d'attention et de persévérance.

" Je n'oublierai jamais que ce grand évènement aura éclairé comme un brillant météore, ma courte et épineuse administration. Et si je puis songer à une autre satisfaction que celle que je puise tout entière dans la conviction d'avoir fait mon devoir, je la trouverai assurément dans ces paroles flatteuses et bienveillantes que Son Excellence le Gouverneur a bien voulu m'adresser.

" En présence d'une pareille approbation, ai-je besoin de vous répéter que vous pouvez sans crainte vous livrer à toute l'expansion de votre cœur et honorer du plus profond de votre âme, le fondateur de notre colonie. Son Excellence vous a dit mieux que je ne saurais vous le répéter : " Les grands hommes sont de tous les pays "

" Et soyez-en persuadés, le chef du pays est, lui aussi, heureux de pouvoir assister à une pareille fête coloniale.

Hier il prenait part à une solennité industrielle, (1) aujourd'hui il se joint aux colons de Maurice pour l'accomplissement d'un devoir sacré—celui de la reconnaissance—demain il présidera avec le même bonheur au triomphe de notre agriculture et de notre industrie dans une exposition inter-coloniale............ Après demain, peut-être, Messieurs, il se joindra avec empressement à une fête tout aussi coloniale— celle du baptême du nouveau canal. (2)

" Toutes ces solennités, toutes ces manifestations populaires, faites avec le sentiment de l'ordre, du respect et des convenances qui anime ce nombreux auditoire, trouveront j'en suis convaincu une approbation égale dans son esprit.

" Et lorsqu'il plaira à notre Gracieuse Souveraine de confier aux mains habiles de M. Stevenson, les destinées d'une possession plus considérable, il se rappellera que sous son administration éclairée et paternelle, notre chère Maurice lui a offert ce beau et magnifique spectacle d'une population qui loin d'avoir dégénéré, a au contraire, marché avec les progrès du siècle éminemment civilisateur dans lequel nous vivons.

" Encore un mot et j'ai fini : Ces dernières paroles, je vais les prononcer avec toute la conviction que je ressens, pénétré que je trouverai dans cette nombreuse assemblée un écho sympathique.

(1) L'inauguration du Stevenson Dock.

(2) Le canal Municipal qui conduit l'eau de la Grande Rivière à Port Louis.

" Messieurs, un grand et beau sentiment vous a conduits dans cette enceinte. Il s'agissait de déposer en fils reconnaissant votre hommage aux pieds de ce monument que la gratitude publique élève aujourd'hui à Mahé de La Bourdonnais, et vous l'avez fait avec la dignité et le recueillement que commandait ce devoir patriotique. Maintenant vous n'emporterez de ce lieu qu'un souvenir, mais ce souvenir sera beau et grand aussi, car dans votre cœur vous conserverez un profond sentiment d'estime et d'affection pour le chef actuel du pays.

POÉSIES.

Inauguration de la Statue de Mahé de La Bourdonnais sur la Place d'Armes—(1859).

La cantate suivante est celle qui fut choisie par le Comité La Bourdonnais pour être chantée à l'inauguration de la statue de La Bourdonnais. Les paroles sont de M. Jérémie Basset, et la musique de M. Emmanuel, chef d'orchestre du théâtre de Port-Louis.

Chœur, voix d'hommes.

Célébrons ce jour,
Ce jour plein d'ivresse,
Par des cris d'allégresse
Et par des chants d'amour.

Voix de femmes.

Des voix en chœur dans les campagnes,
Les lointains échos des montagnes
Rediront à leur tour
Nos chants d'allégresse et d'amour.

Récitatif.

Ta fille, ô grand Mahé, ta Maurice inaugure
Au nom de ses enfants ta statue en ce lieu ;
Et nos neveux viendront voir ta noble figure,
Puis d'orgueil et de joie, ils remercîront Dieu.

Chœur général.

Beau soleil de notre hémisphère,
Pour un instant suspends ton cours ;
De tes plus purs rayons éclaire
Les traits chéris de notre père,
Et sur son front laisse toujours
Une couronne de lumière.

Air, une voix de femme.

L'oiseau des bois quitte son nid,
Là, près de lui, chante et voltige ;
La fleur des champs s'épanouit,
Et, se détachant de sa tige,
Lui porte ses douces senteurs.
Tout, aujourd'hui, dans la nature,
Revêt, de nouvelles couleurs,
Son orientale parure.

Une voix d'homme.

Toi, le plus beau des Océans,
Dont le sein couve la tempête
Retiens captifs tes ouragans
Et contribue à cette fête,
Par tes flots doucement poussés,
Etends ici, sur cette plage,
Des tapis de mousse à tes pieds...
Tu lui dois aussi ton hommage.

Chœur, voix d'hommes.

Célébrons ce jour,
Ce jour plein d'ivresse,
Par des cris d'allégresse
Et par des chants d'amour.

Voix de femmes.

Des voix en chœur dans les campagnes,
Les lointains échos des montagnes,
Rediront à leur tour
Nos chants d'allégresse et d'amour.

RÉCITATIF.

Reprise.

Ta fille, ô grand Mahé, ta Maurice inaugure,
Au nom de ses enfants ta statue en ce lieu ;
Et nos neveux viendront voir ta noble figure,
Puis, d'orgueil et de joie, ils remercîront Dieu.

Air, une voix d'homme.

C'est lui qui d'une main habile
Créa nos forts, nos arsenaux.

Une voix de femme.

Il fit mieux : en traçant la ville,
Il bâtissait des hôpitaux.

Une voix d'homme.

Soit qu'il tint l'épée ou l'équerre,
Il fit des prodiges partout.

Une voix de femme.

Lui-même ensemença la terre.

Une voix d'homme.

Soldat, laboureur, il fut tout !

Les deux voix d'homme et de femme.

O chère Ile de France !
Dans ta reconnaissance,
Après Dieu tu ne connais
Que le bon La Bourdonnais !
Vive, vive l'Ile de France,
Gloire, gloire à La Bourdonnais !

Chœur final.—Reprise.

O chère Ile de France !
&c.   &c.   &c.

CANTATE A LA BOURDONNAIS.

La cantate et la poésie qui suivent, signées C. P., initiales que l'on suppose être celles de M. Charles Péreybère, bien connu par ses spirituels feuilletons publiés dans *Le Cernéen*, sont empruntées à la *Commercial Gazette* du 30 Août 1859. Le rédacteur de ce journal en les publiant les fit précéder des lignes suivantes :

" Nos lecteurs liront avec le plus vif intérêt, nous n'en doutons pas, la cantate et la poésie que nous publions plus bas. Ces deux exquises productions que nous devons à un véritable poète, sont un nouvel et digne hommage rendu au fondateur de notre belle et florissante colonie le jour même où elle paie à sa mémoire son tribut de reconnaissance ! "

Chœur.

La Bourdonnais, ta renommée,
Comme l'oiseau des flots amers,

Défiant la foudre enflammée,
Plane sur ces immenses mers.

Duo.

Une voix d'homme et une voix de femme

Belle, mollement étendue
Sous l'antique ombrage des bois,
Une île, longtemps méconnue,
Soudain s'éveillait à ta voix ;
Et, radieuse d'espérance,
La Vierge créole au front pur,
Saluait l'étendard de France
Déroulé dans son ciel d'azur.

Une voix d'homme.

De ta truelle créatrice
Tu broyais le ciment français,
Et sous ta hache fondatrice
Tombaient les arbres des forêts.
Débarrassé par ton génie
De ces vieux colosses ombreux,
Le vert palmier de la patrie
Montait en regardant les cieux.

Une voix de femme.

Sourd aux lâches cris de l'envie,
Poursuivant ton rude labeur,
A ta naissante colonie
Tu souriais, grand fondateur !

Et parfois, l'âme d'orgueil pleine,
Tu disais, noble patricien :
Ma fille, un jour tu seras reine,
Reine de l'océan indien !

Une voix d'homme.

Aspirant la brise marine,
Debout, pensif, l'épée au flanc,
Les bras croisés sur ta poitrine,
Tu regardais vers l'Indoustan.
Jaloux d'illustrer ta mémoire,
Au vaste murmure du flot
Fier soldat, tu rêvais la gloire
Sur le sable de ton îlot.

TRIO.

Chanté par les trois dernières voix.

Sous le ciel de la vieille France,
O valeureux La Bourdonnais,
Un roi, flétrissant ta vaillance,
Par des fers paya tes hauts faits...
Lève-toi !... pour venger son père
Aux yeux de la postérité,
Maurice, la pauvre insulaire,
Te donne l'immortalité !

Chœur.

La Bourdonnais, ta renommée,
Comme l'oiseau des flots amers,

Défiant la foudre enflammée,
Plane sur ces immenses mers.

———

LA BOURDONNAIS.

Grâce à vous, colons généreux,
Je revois enfin votre rive,
Mon Ile de France aux cieux bleus,
Ma fille modeste et naïve.
Dieu ! je ne la reconnais pas :
Sur son corps la soie étincelle,
Et l'or brille autour de ses bras !
Oh ! mes amis, ce n'est plus elle.

Jadis, il me semble la voir,
Elle avait, pour toute parure,
Sur son sein un petit mouchoir,
Une fleur dans sa chevelure ;
Et, sous sa robe de guingan,
Se cachait, je me le rappelle,
Son pied nu, gracieux et blanc...
Oh ! mes amis ce n'est plus elle.

Au murmure des flots amers,
Elle berçait son innocence,
Grandissant, au milieu des mers,
Sous le vieux drapeau de la France.
Au temps de sa virginité,
Mes enfants, comme elle était belle,
Belle dans sa simplicité !
Oh ! mes amis ce n'est plus elle.

Ingrat !... Ah ! c'est elle toujours,
Elle, la même que naguère,
Me souriant sous le velours,
A l'ombre d'une autre bannière.
Je la reconnais maintenant :
Des pleurs argentent sa prunelle,
Ses bras s'ouvrent en me voyant !
Oh ! mes amis, c'est toujours elle !

***

La Bourdonnais.

L'original de cette poésie inédite, attribuée à M. Pierre
Hilaire Coqueval, fait partie des manuscrits laissés par
M. Coqueval et qui se trouvent aujourd'hui en possession de
M. Albert Rae.

Aujourd'hui que Maurice en de bruyants transports,
Conserve un souvenir à ses illustres morts,
Et que l'oubli mortel, abdiquant sa puissance,
A pour toujours fait place à la reconnaissance,
Parlons du plus aimé, de celui que le cœur
De notre beau pays nomma son fondateur.
C'est toi, La Bourdonnais, toi dont la grande image
Plane éternellement sur cet heureux rivage,
Et qui fit, après Dieu tressaillir à ta voix
Notre sol vierge encor pour la première fois....
Ton esprit créateur, sans mesurer sa peine
Ravit un jour sa perle à la mer indienne
Pour en faire un joyau plus brillant que tous ceux
Qui jusqu'à cet instant avaient charmé les yeux.

Maurice alors reçut dans sa superbe enfance,
Avec orgueil, ce nom si doux d'île de France,
Que nos pères aimaient à lui donner toujours,
Nonobstant la conquête et ses plus mauvais jours...
En créant le pays qui garde ta mémoire
Tu voulus que ta vie illustrât son histoire,
Et dans un saint transport, ayant tout achevé,
Tu t'écrias : " Voici l'œuvre que j'ai rêvé !...
Voici la terre où Dieu, dans sa munificence,
A fait naître la joie et fleurir l'abondance,
Terre où le beau soleil qui murit les moissons
Prodigue sa lumière et ses plus doux rayons ;
Voici l'Eldorado, l'oasis bien-aimée
Qui doit offrir le fruit de sa fleur parfumée
A tous ceux que le sort, dans ce vaste univers,
Conduira quelque jour vers nos lointaines mers...
Ma tâche est à sa fin, j'ai fait avec vaillance
Mon devoir, appuyé toujours sur ma conscience ;
Si j'ai pu réussir, j'en rends grâce au Seigneur
Qui, pour ses élus seuls, garde un pareil bonheur..."

Certes, pour conquérir cette immortelle gloire,
Il fallut chèrement acheter ta victoire,
Mais les dangers fuyaient devant le bras puissant
Qui seul accomplissait tes travaux de géant.
Tu n'avais qu'à vouloir, et ton cœur énergique
S'emplissait aussitôt de courage héroïque ;
C'était plus qu'il fallait, pour conduire à leurs fins
Tes rêves de grandeur et tes nobles desseins.
Aujourd'hui, le pays à ton auguste image
Vient rendre avec justice un éclatant hommage ;

Te voilà parmi nous, tel que tu fus au jour
Où Maurice naquit de ton puissant amour.
Athlète au large front, sur ta figure altière,
On lit tous tes hauts faits, on lit ta vie entière ;
Ton aspect imposant, pourtant cache à nos yeux
De tes nobles revers les jours trop malheureux...
Tu luttas vainement contre la calomnie
Jusqu'à l'heure où courbé sous tant d'ignominie,
N'ayant plus que ton cœur qui te donnât raison
L'on te traîna martyr au fond d'une prison...
Hélas quand tu sortis de cette épreuve immense,
Vieilli par le malheur, flétri par la souffrance,
Tu n'eus plus qu'à songer à jeter tes adieux,
Comme un dernier reproche à ce monde oublieux :
La France avait payé ton dévouement sublime
En signant un arrêt qui t'accusait de crime ;
Elle avait fait assez, tu devais, par ma foi,
Pour un si haut bienfait crier : Vive le Roi ! !...
Car il est des douleurs qui grandissent un homme
Autant que les héros d'Athènes ou de Rome,
Et qui font d'un cachot l'auguste Panthéon
D'où la postérité doit proclamer son nom...

Désormais sur les bords où repose ta cendre
Ta mémoire n'a plus besoin de te défendre ;
Tu peux, La Bourdonnais, jusqu'à l'éternité
Sous ta pierre dormir avec sécurité...
Dans la nuit du tombeau, tu peux rêver encore
Aux beaux jours de Maurice, à sa première aurore,
Et fier de ce passé, plein d'un doux souvenir
Sans craindre encor l'oubli, compter sur l'avenir.

Et toi, mon beau pays, toi dont la destinée
Aujourd'hui se poursuit heureuse et fortunée,
Toi qui réalisas le rêve glorieux
De l'homme courageux qu'honoraient nos aïeux,
Terre qui te souviens et tressailles d'ivresse
En revoyant celui qu'adora ta jeunesse,
Tu peux te réjouir ; le moment est venu
De réhabiliter le héros méconnu,
Qui, dans l'obscurité, terminant sa souffrance,
Jusqu'à son dernier jour aima l'Ile de France !

$\S$ 6

(1899)

Célébration du Bi-centenaire de la Naissance de Mahé de La Bourdonnais.

Il appartenait au Comité des Souvenirs Historiques de ne pas laisser passer inaperçue cette date du 11 Février 1899, et de prendre l'initiative de célébrer dans la colonie le deuxième centenaire de la naissance de son véritable fondateur.

Dès le 9 Décembre 1896, à une séance tenue au Château du Réduit, sous la présidence d'honneur de Sir Hubert Jerningham, ce Comité avait adopté à l'unanimité la proposition qui lui en avait été faite par un de ses membres, et avait décidé de s'en occuper en temps utile.

Au mois d'Août 1898 il soumit son projet au Gouvernement qui y donna son approbation, et nomma un comité spécialement chargé de cette célébration.

Ce comité fut composé des membres du Comité des Souvenirs Historiques :

M. Albert Daruty de Grandpré—Président,
L'Honorable Louis de Rochecouste,
L'Honorable Dr. W. T. A. Edwards,

L'Honorable Vincent Geffroy,

L'Honorable Dr. Evenor Chastellier.

L'Honorable Sir Virgile Naz, K.C.M.G.

MM : Evenor Dupont,

      Albert Rae,

      Aimé Duvivier,

      Léon Leclézio,

      Léon Huet de Froberville,

      Léoville L'Homme,

      Gabriel Lincoln,

et des personnes suivantes :

    Sir Célicourt Antelme K.C.M.G., Chevalier de la
        Légion d'honneur,

    L'Honorable Sir Graham Bower K.C.M.G., Secrétaire
        Colonial.

    L'Honorable Gustave de Coriolis,

    L'Honorable Henri Leclézio C.M.G.,

    L'Honorable William Newton Q.C., Chevalier de la
        Légion d'honneur,

    L'Honorable Dr. Virgile Rohan,

    L'Honorable Gustave A. Ritter,

    /L'Honorable Louis Rouillard,

    L'Honorable Thomy Pitot de la Beaugeardière,
        Maire de Port Louis,

  MM : Volcy Giblot Ducray,

      Félix Le Vieux,

      Emile Pezzani,

      Camille Sumeire C.M.G.

Aussitôt nommé, le Comité La Bourdonnais constitua comme suit son bureau :

Président—Sir Célicourt Antelme,
1er Vice-Président—L'Honorable Sir Virgile Naz,
2me Vice-Président—L'Honorable William Newton,
3me Vice-Président—L'Honorable Thomy Pitot de
                    la Beaugeardière, Maire de
                    Port-Louis.
4me Vice-Président—M. Albert Daruty de Grandpré,
                    Président du Comité des
                    Souvenirs Historiques.
Secrétaire—M. Léon Huet de Froberville.
Secrétaire adjoint—M. Gabriel Lincoln.
Trésorier—M. Aimé Duvivier.

Sir Charles Bruce ne se montra pas moins disposé que ses prédécesseurs, Sir James Macaulay Higginson et Sir William Stevenson, à rendre hommage à la mémoire de La Bourdonnais. Il fit mettre à la disposition du Comité pour la célébration du bi-centenaire une somme de cinq mille roupies, prise des revenus de la Colonie, et manifesta dans plusieurs lettres son désir de l'assister dans sa tâche, pour donner le plus d'éclat possible à cette fête. Sur la demande du Comité, il sanctionna l'émission d'un timbre-poste commémoratif, et approuva le programme des fêtes qui furent fixées au 11 et 12 Février 1899.

Un appel fut fait aux artistes du pays pour le meilleur modèle d'un timbre-poste, et le prix fut décerné à M. Isis Boucherat. On décida aussi de publier un livre composé de documents sur La Bourdonnais.

Pour diverses raisons les fêtes furent remises au

Mardi 22 Août. Mais afin que le souvenir de La Bourdonnais fût rappelé au jour même du deuxième centenaire de sa naissance, le Comité fit déposer, le 11 Février, sur le socle de sa statue, sur la Place d'Armes, une couronne de fleurs naturelles ornée d'un ruban portant l'inscription suivante :

1699—11 *Février*—1899

A La Bourdonnais

Maurice Reconnaissante.

Un bouquet fut aussi déposé sur l'un des autels de la Cathédrale St. Louis où sont inhumés les restes de sa première femme et ceux de leur fils.

Les fêtes ayant été remises au mois d'Août, le Comité décida d'offrir au " Mauritius Turf Club " une Coupe en argent pour être décernée chaque année au vainqueur d'une course spéciale appelée " Coupe La Bourdonnais." Le Club accepta d'inscrire cette course sur son programme officiel.

Un des premiers soins du Comité avait été de prier Sir Charles Bruce, s'il le jugeait convenable, de faire les démarches nécessaires pour inviter, au nom de la Colonie, les chefs des escadres anglaise et française aux fêtes commémoratives. Son Excellence s'empressa de faire part au Ministre des Colonies du désir du Comité. L'invitation du Gouvernement de Maurice fut transmise par l'Ambassadeur d'Angleterre à Paris au Gouvernement Français, et par sa lettre du 30 Mars 1899, adressée à Sir Edmund Monson, le Ministre des affaires étrangères, M. Delcassé, accepta l'invitation en ces termes :

" Paris, le 30 Mars 1899.

" Monsieur l'Ambassadeur,

" Votre ambassade avait bien voulu me faire part, dans une lettre du 23 de ce mois, du désir que le Principal Secrétaire d'État de Sa Majesté Britannique a exprimé de voir le Gouvernement de la République représenté par un Amiral aux fêtes que la population de l'Ile Maurice se propose de donner au mois d'Août prochain, pour commémorer le 2me centenaire de la naissance de Mahé de La Bourdonnais.

" Le Ministre de la Marine, auquel j'avais transmis cette gracieuse invitation, me fait savoir et je m'empresse d'annoncer à Votre Excellence que, pour y répondre, il a prescrit au Capitaine de vaisseau Lormier, chef de la division navale de l'Océan Indien, de se rendre à l'Ile Maurice avec le *d'Estaing* qui porte son guidon, pour le moment que lui indiquera le Consul de France à Port-Louis.

" Agréez, etc.,

" (Signé)   DELCASSÉ."

Sir E. Monson, G.C.B., G.C.M.G.,
&c.,   &.,   &c.

Le Comité La Bourdonnais eut à déplorer la mort, survenue le 6 Juin, de son président Sir Célicourt Antelme, qui malgré son grand âge prenait à ses travaux le plus vif intérêt. Le premier vice-président, l'Honorable Sir Virgile Naz, K.C.M.G., fut appelé à le remplacer.

Des sous-comités avaient été chargés de l'exécution
du programme des fêtes. Tout faisait prévoir que ces
fêtes obtiendraient le plus heureux succès ; mais la peste
qui avait fait son apparition dans la Colonie, et que l'on
avait espéré maîtriser, semble vouloir s'étendre. Le fléau
permettra-t-il au Comité d'exécuter les diverses parties
du programme qu'il avait en vue ? Dieu seul le sait.
Du moins, plusieurs marques du nouvel hommage de
la Colonie envers son véritable fondateur subsisteront
quand même, et attesteront la reconnaissance des fils des
anciens habitants de l'Ile-de-France :—un timbre-poste
répandra l'effigie de La Bourdonnais dans le monde
entier, un livre racontera sa glorieuse carrière terminée
d'une manière si malheureuse ; et, en acclamant tous
les ans le vainqueur de la " Coupe La Bourdonnais,"
la population rassemblée au Champ-de-Mars pour assister
à son plaisir favori, se rappellera, en même temps que
l'origine de cette fondation, le concours libéral que lui
prêta le Gouvernement Britannique pour honorer la mémoire d'un ancien et loyal ennemi.

Programme des Fêtes de la Célébration a Port-Louis du 2me Centenaire de la Naissance de Mahé de La Bourdonnais, préparé par le Comité du Bi-centenaire et approuvé par Son Excellence le Gouverneur.

1.—Le Mardi 22 Août 1899, jour fixé pour la célébration du 2me Centenaire de la naissance de Mahé de La Bourdonnais, sera proclamé par Son Excellence le Gouverneur jour de congé public.

2.—Les fêtes commenceront à 8 heures précises du matin. Un signal d'avertissement en sera donné par un coup de canon tiré de la Citadelle.

3.—Son Excellence le Gouverneur et Lady Bruce, ainsi que les membres de leur famille honoreront les fêtes de leur présence.

5.—Ont été priés d'honorer aussi les fêtes de leur présence :

Son Excellence l'Amiral commandant la station navale de la mer des Indes,

Son Honneur le Général commandant les troupes de Sa Majesté dans la colonie,

M. le Consul Général de France,

M. le Capitaine de vaisseau Lormier, chef de la division navale française de l'Océan Indien.

Sa Grandeur l'Evêque de Port Louis,

Sa Seigneurie l'Evêque de Maurice,

Leurs Honneurs les Juges de la Cour Suprême,

Les Honorables Membres du Conseil Législatif,

Les Consuls étrangers,

Les Autorités Militaires,

L'Honorable Maire de Port-Louis et le Député Maire,

Les Commandants et les principaux Officiers des navires de guerre qui pourraient se trouver en rade le jour de la fête,

Les Chefs de Département,

6.—Seront invités également à prendre part aux fêtes :

Le Président et le Vice-Président de la Chambre d'Agriculture,

Le Président et le Vice Président de la Chambre de Commerce,

Le Président et le Vice-Président de la Société Royale des Arts et des Sciences,

Le Président de l'Alliance Française,

Le Président de la Société Française d'Assistance,

Le Chancelier du Consulat de France,

Les Membres du Conseil Municipal,

Le Syndic et l'adjoint Syndic de la Chambre des Courtiers,

Les trois Commissaires du Mauritius Turf Club,

Le Président du Conseil de Fabrique de la Cathédrale St. Louis,

Et toute autre notabilité que le Comité jugera convenable d'inviter.

7.—La place de l'Eglise et la Place d'Armes sur laquelle la statue de La Bourdonnais a été érigée en 1859 seront ornées et pavoisées. Des gradins seront élevés près de la statue pour recevoir les invités ; d'autres gradins seront élevés pour le public qui payera un droit d'entrée.

8.—Les bâtiments en rade seront invités à se pavoiser et salueront de leurs pavillons au moment qui sera ci-après désigné.

9.—En sus de la garde d'honneur de Son Excellence le Gouverneur, une partie des hommes de la garnison sera présente sur la Place d'Armes.

10.—Les musiciens du " 2nd Batallion Kings Own Yorkshire Light Infantry " et du " 1st Bengal Infantry " joueront aux endroits et aux moments qui seront fixés.

11.—Les fêtes commenceront par une Messe basse d'actions de grâces, dite à la Cathédrale St. Louis par Sa Grandeur Monseigneur O'Neill, Evêque de Port Louis. Des morceaux de musique seront exécutés pendant la Messe. Il sera chanté un *Te-Deum* suivi de la pose d'une plaque commémorative de la translation faite en 1827 dans cette Cathédrale, des restes mortels de la première femme de Mahé de La Bourdonnais et de ceux de leur fils.

12.—A la sortie de l'Eglise, le Chef du pays et Lady Bruce, se rendront à pied sur la Place d'Armes par la rue Pope Hennessy accompagnés des membres du Comité et des invités.

13.—A leur arrivée sur la Place d'Armes le *God Save the Queen* se fera entendre. Un salut en rapport avec le grade de La Bourdonnais sera tiré de la Citadelle, la musique militaire jouera la *Mar-*

seillaise, les bâtiments en rade salueront de leurs pavillons, les troupes défileront, les tambours battront aux champs et la garde d'honneur portera les armes.

14.—Son Excellence le Gouverneur prononcera un discours. Sir Virgile Naz Président du Comité La Bourdonnais prendra aussi la parole.

15.—Une Ode à La Bourdonnais, écrite par M. Léoville L'Homme pour la circonstance, sera dite par l'hon. G. de Coriolis, et une députation d'enfants des écoles défilera en jetant des fleurs au pied de la statue.

16.—Une plaque mentionnant que l'île Maurice a commémoré le bi-centenaire de la naissance de Mahé de La Bourdonnais sera ensuite fixée au socle de la statue.

17.—Un déjeuner sera offert à l'hôtel du Gouvernement aux invités étrangers,

18.—L'après-midi des Régates auront lieu dans la rade de Port-Louis,

19.—Un timbre-poste commémoratif du bi-centenaire sera émis par le Gouvernement de Maurice.

20.—Un livre commémoratif de la célébration se composant de documents relatifs à La Bourdonnais sera publié, et vendu au public. Des exemplaires de ce livre seront offerts par le Comité aux notabilités qui seront ultérieurement désignées.

21.—La vente du livre et du timbre se fera aux endroits qui seront ultérieurement désignés.

22.—Le soir, il y aura une représentation de gala au théâtre.

23.—Il sera remis aux deux Evêques de Culte Chrétien un don en argent pour leurs orphelinats.

24.—Une coupe en argent sera offerte au MAURITIUS TURF CLUB pour une course annuelle à laquelle le Club, sur la demande du Comité, a bien voulu donner le nom de La Bourdonnais.

25.—Un punch sera offert à l'équipage du *d'Estaing* et à une délégation des équipages des navires de guerre anglais dans l'endroit et de la manière qui seront ultérieurement fixés.

26.—En raison de la pleine lune le 22 Août, la fête de nuit comprenant l'illumination de la Place d'Armes, des quais de la rade, ainsi qu'un feu d'artifice qui sera tiré sur des pontons mouillés dans le port, aura lieu à une date plus appropriée qui sera ultérieurement fixée. (1)

26.—Des jeux populaires comprenant des carrousels, mâts de cocagne, &a., seront organisés pour la journée du Dimanche qui suivra le 22 Août.

Au moment où la dernière partie de ce recueil allait être livrée à l'impression, et alors que la population mauricienne s'apprêtait à recevoir dignement ses hôtes, M. Drouin, Consul Général de France à Maurice, a fait parvenir à Son Excellence Sir Charles Bruce, copie de la lettre suivante qu'il

(1) En raison de la maladie régnante et par mesure sanitaire, la fête de nuit n'aura pas lieu.

a reçue du Commandant Lormier. L'honorable commandant
fait savoir au Consul qu'il ne pourra se rendre ici, étant retenu
à Madagascar par des raisons de service. Nous ne pouvons
que regretter cette absence qui privera nos fêtes d'un de leurs
éléments de succès.

En invitant les deux chefs d'escadre anglaise et française
de la mer des Indes à y participer, le Comité avait tenu compte
du rang éminent qu'avait occupé La Bourdonnais dans la
marine française, et avait pensé que ce serait un beau
spectacle de voir réunies sur notre plage, et fraternisant au
pied de sa statue, ces deux marines jadis ennemies. Cela
ne sera pas.

" Diégo Suarez, le 5 Juillet 1899.

" Le Capitaine de Vaisseau Lormier, Commandant le
d'Estaing et la Division Navale de l'Océan Indien,
à Monsieur le Consul Général de France à l'Ile Maurice.

" Monsieur le Consul Général,

" J'ai l'honneur de vous informer que je viens de recevoir
un télégramme de Monsieur le Général Pennequin, par lequel
il me demande mon concours pour faire avec moi une tournée
à bord du *d'Estaing* sur les côtes de Madagascar.

" Ce voyage devant avoir lieu à la même date que les
fêtes qui seront données à Maurice en l'honneur de La Bourdonnais, je me vois dans l'obligation de renoncer à me rendre
à Port Louis.

" Je tiens à vous dire, Monsieur le Consul Général, combien
je regrette personnellement cette coïncidence qui m'empêchera
d'aller vous présenter mes devoirs ; il m'est cependant permis
d'espérer qu'une autre occasion se présentera pour moi d'aller

vous rendre visite avant d'arriver au terme de mon commandement.

« Je vous serais très obligé de vouloir bien informer Son Excellence le Gouverneur de Maurice de l'obligation où je me trouve de surseoir à mon voyage et de lui renouveler tous mes plus vifs remerciements pour la gracieuseté avec laquelle il avait bien voulu m'inviter à ces fêtes et m'offrir l'hospitalité chez lui.

« Veuillez agréer, etc.

« (Signé)   E. LORMIER. »

ERRATA

Page 35 ligne   7 de la note (3) au lieu de *il voulait* lisez *s'il voulait.*

— 88 — 4 — — *directe* lisez *directement.*

— 122 — 27 de la note (1) — *Hargenuiller* lisez *Hargenvil-*
liers.

TABLE DES MATIÈRES

PAGE

Introduction I

I. — Acte de Naissance de Mahé de La Bourdonnais... 3

II. — Nomination de Mahé de La Bourdonnais à la place de Gouverneur Général des îles de France et de Bourbon 7

III.— Mahé de La Bourdonnais par *Saint Elme Leduc.* 13

IV.— Mahé de La Bourdonnais d'après quelques écrivains 65

V. — L'Ile Maurice reconnaissante :—

1. Pension faite à la fille de Mahé de La Bourdonnais par l'Assemblée Coloniale (1798) ... 107

2. Pension faite à la fille de Mahé de La Bourdonnais par le Gouvernement Britannique (1811).. 110

3. Découverte de la sépulture de Madame de La Bourdonnais et de son fils (1827) 116

4. Projet d'ériger une statue à Mahé de La Bourdonnais (1852–53) 128

5. Inauguration de la statue de La Bourdonnais (1859) 170

6. Célébration du bi-centenaire de la naissance de Mahé de La Bourdonnais (1899) 223

9 782019 678180